U0862519

2022年修订版

妇女权益保障法
贯 通 实 用 本

中国法制出版社 / 编著

中国法制出版社
CHINA LEGAL PUBLISHING HOUSE

出版说明

党和国家高度重视、积极推进妇女工作，促进男女平等和妇女全面发展。为了进一步优化、促进男女平等的基础性制度设计，完善保障内容，提升保障水平，为妇女全面发展营造环境、扫清障碍、创造条件。2022 年，《中华人民共和国妇女权益保障法》（以下简称《妇女权益保障法》）实施 30 年后进行了一次全面修订。新修订的《妇女权益保障法》于 2022 年 10 月 30 日正式通过①。

为了帮助广大读者更加深入地学习和掌握新修订的《妇女权益保障法》，促进全社会提升妇女权益保护的意识，更好地保障妇女的合法权益，特编写此贯通实用本，旨在从相关知识出发，帮助读者贯通掌握本法。

本书主要涵盖三个版块：一是实用问答。该版块结合《妇女权益保障法》设计了一些实用问答，让读者能更简单、直接地了解本法的一些初步知识。二是《妇女权益保障法》及关联法规、司法解释、典型案例。该版块以《妇女权益保障法》法条为主干，将法律、法规、司法解释、司法解释性文件、典型案例等贯通其中，从

---

① 根据中华人民共和国主席令第一二二号，《中华人民共和国妇女权益保障法》由中华人民共和国第十三届全国人民代表大会常务委员会第三十七次会议于 2022 年 10 月 30 日修订通过，自 2023 年 1 月 1 日起施行。

而让读者更深入地掌握本法相关知识。书中，编者概括了法条的条旨，还对《妇女权益保障法》的条文进行了标注，和修订前的条文相比新增内容用浅底色进行了标示，内容有改动的地方用斜体进行了标示，同时，与其他法条有关联的地方用下划线进行了标示。三是相关文件。该版块将与《妇女权益保障法》相关的主要法规、司法解释、典型案例文件进行了收录，便于读者查阅和对照。

以上便是本书的基本情况。希望本书对于读者掌握《妇女权益保障法》和查阅相关知识能有一定帮助，发挥一定作用。

目　录

第一部分　实用问答

第二部分 《妇女权益保障法》及关联法规、司法解释、典型案例

第三部分　相关文件

一、重要法律、司法解释及相关文件（司法解释性质文件、部门规范性文件等）

第一部分　实用问答

1. 为何要修订《妇女权益保障法》？

妇女是人类文明的开创者、社会进步的推动者，妇女的地位体现了一个国家的文明与进步。党和国家高度重视、积极推进妇女工作，促进男女平等和妇女全面发展。党的十八大以来，以习近平同志为核心的党中央从党和国家事业发展全局出发，就维护妇女权益、促进妇女全面发展，提出新的更高要求，作出一系列重要部署。习近平总书记多次强调，“妇女权益是基本人权。我们要把保障妇女权益系统纳入法律法规，上升为国家意志，内化为社会行为规范。”习近平总书记的重要论述和党中央的决策部署为做好妇女权益保障工作指明了方向。

《妇女权益保障法》实施30年来，有力促进了妇女在各方面权益保障水平的提高，推动了男女平等基本国策深入人心。同时不可否认，妇女权益保障领域存在的一些老问题尚未得到根本解决，如妇女被拐卖、性侵、家庭暴力、性骚扰，农村妇女、残疾妇女、单亲母亲等群体仍面临特殊困难等。

随着经济社会发展，妇女权益保障领域又出现了一些新情况、新问题。如生育政策调整后，生育与就业矛盾加剧，就业领域的性别歧视有所凸显；农村的产权形式和分配方式发生变化后保护农村妇女的财产权益面临新挑战；家庭稳定性持续下降，离婚率上升，婚姻家庭关系引发的矛盾纠纷日益复杂；等等。面对这些情况，《妇女权益保障法》亟待进一步拓展和强化。

2.《妇女权益保障法》中关于男女平等有哪些规定？

《妇女权益保障法》规定，男女平等是国家的基本国策。妇女在政治的、经济的、文化的、社会的和家庭的生活等各方面享有同男子平等的权利。国家采取必要措施，促进男女平等，消除对妇女一切形式的歧视，禁止排斥、限制妇女依法享有和行使各项权益（第二条）。国家将男女平等基本国策纳入国民教育体系，开展宣传教育，增强全社会的男女平等意识，培育尊重和关爱妇女的社会风尚（第十条）。

3.《妇女权益保障法》对妇女政治权利的保障包括哪些方面？

国家保障妇女享有与男子平等的政治权利，其中包括妇女有权通过各种途径和形式，依法参与管理国家事务、管理经济和文化事业、管理社会事务；妇女和妇女组织有权向各级国家机关提出妇女权益保障方面的意见和建议（第十三条）。妇女享有与男子平等的选举权和被选举权；各级人大代表、居民（村民）委员会中，有一定比例的妇女代表或妇女成员（第十四条）；国家积极培养和选拔女干部，重视培养和选拔少数民族女干部；国家采取措施支持女性人才成长（第十五条）；对于有关妇女权益保障工作的批评或者合理可行的建议，有关部门应当听取和采纳；对于有关侵害妇女权益的申诉、控告和检举，有关部门应当查清事实，负责处理，任何组织和个人不得压制或者打击报复（第十七条）。

4.《妇女权益保障法》对妇女联合会等群团组织做好维护妇女权益工作是如何规定的?

《妇女权益保障法》第六条规定，中华全国妇女联合会和地方各级妇女联合会依照法律和中华全国妇女联合会章程，代表和维护各族各界妇女的利益，做好维护妇女权益、促进男女平等和妇女全面发展的工作。工会、共产主义青年团、残疾人联合会等群团组织应当在各自的工作范围内，做好维护妇女权益的工作。

5. 制定或修改涉及妇女权益的法律法规等，应当听取妇女联合会的意见吗?

应当。《妇女权益保障法》第八条规定，有关机关制定或者修改涉及妇女权益的法律、法规、规章和其他规范性文件，应当听取妇女联合会的意见，充分考虑妇女的特殊权益，必要时开展男女平等评估。

6. 对涉及妇女权益的批评建议、申诉、控告和检举，如何处理?

《妇女权益保障法》第十七条规定，对于有关妇女权益保障工作的批评或者合理可行的建议，有关部门应当听取和采纳；对于有关侵害妇女权益的申诉、控告和检举，有关部门应当查清事实，负责处理，任何组织和个人不得压制或者打击报复。

7. 妇女与其家属或者关系人对生育手术、特殊检查等的意见不一致时，应当怎么办?

《妇女权益保障法》第二十一条第三款规定，医疗机构施行生育手术、特殊检查或者特殊治疗时，应当征得妇女本人同意；在妇女与其家属或者关系人意见不一致时，应当尊重妇女本人意愿。

8. 对于被拐卖、绑架的妇女，各级政府部门、妇女联合会等有何责任和义务?

《妇女权益保障法》第二十二条第二款规定，各级人民政府和公安、民政、人力资源和社会保障、卫生健康等部门及村民委员会、居民委员会按照各自的职责及时发现报告，并采取措施解救被拐卖、绑架的妇女，做好被解救妇女的安置、救助和关爱等工作。妇女联合会协助和配合做好有关工作。任何组织和个人不得歧视被拐卖、绑架的妇女。

9.《妇女权益保障法》对性骚扰是如何规定的?

《妇女权益保障法》第二十三条规定，禁止违背妇女意愿，以言语、文字、图像、肢体行为等方式对其实施性骚扰。受害妇女可以向有关单位和国家机关投诉。接到投诉的有关单位和国家机关应当及时处理，并书面告知处理结果。受害妇女可以向公安机关报案，也可以向人民法院提起民事诉讼，依法请求行为人承担民事责任。因此，包括图片、肢体行为等，只要是违背妇女意愿作出的，都有可能构成性骚扰。受害妇女可以投诉或报案。

10. 关于预防和处置女学生受性侵害、性骚扰，学校有哪些义务？

《妇女权益保障法》第二十四条规定，学校应当根据女学生的年龄阶段，进行生理卫生、心理健康和自我保护教育，在教育、管理、设施等方面采取措施，提高其防范性侵害、性骚扰的自我保护意识和能力，保障女学生的人身安全和身心健康发展。学校应当建立有效预防和科学处置性侵害、性骚扰的工作制度。对性侵害、性骚扰女学生的违法犯罪行为，学校不得隐瞒，应当及时通知受害未成年女学生的父母或者其他监护人，向公安机关、教育行政部门报告，并配合相关部门依法处理。对遭受性侵害、性骚扰的女学生，学校、公安机关、教育行政部门等相关单位和人员应当保护其隐私和个人信息，并提供必要的保护措施。

11. 用人单位应当采取哪些措施预防和制止对妇女的性骚扰？

《妇女权益保障法》第二十五条规定，用人单位应当采取下列措施预防和制止对妇女的性骚扰：（一）制定禁止性骚扰的规章制度；（二）明确负责机构或者人员；（三）开展预防和制止性骚扰的教育培训活动；（四）采取必要的安全保卫措施；（五）设置投诉电话、信箱等，畅通投诉渠道；（六）建立和完善调查处置程序，及时处置纠纷并保护当事人隐私和个人信息；（七）支持、协助受害妇女依法维权，必要时为受害妇女提供心理疏导；（八）其他合理的预防和制止性骚扰措施。

12. 住宿经营者的及时报告义务指什么？

《妇女权益保障法》第二十六条规定，住宿经营者应当及时准确登记住宿人员信息，健全住宿服务规章制度，加强安全保障措施；发现可能侵害妇女权益的违法犯罪行为，应当及时向公安机关报告。

13. 《妇女权益保障法》对人身安全保护令有哪些具体规定？

《妇女权益保障法》第二十九条规定，禁止以恋爱、交友为由或者在终止恋爱关系、离婚之后，纠缠、骚扰妇女，泄露、传播妇女隐私和个人信息。妇女遭受上述侵害或者面临上述侵害现实危险的，可以向人民法院申请人身安全保护令。

以往的人身安全保护令主要用于制止家庭成员或共同居住人员实施的家庭暴力。新修订的《妇女权益保障法》对于行为类型和侵权方式予以拓宽，当妇女面临“纠缠、骚扰，泄露、传播隐私和个人信息”等不法侵害或现实危险时，也可以向人民法院申请人身安全保护令。被申请人违反人身安全保护令，继续对申请人实施不法侵害的，将会被处以罚款、拘留甚至追究刑事责任。

14. 在规划、建设基础设施时，应当考虑妇女的哪些特殊需求？

《妇女权益保障法》第三十四条规定，各级人民政府在规划、建设基础设施时，应当考虑妇女的特殊需求，配备满足妇女需要的公共厕所和母婴室等公共设施。

15. 用人单位的哪些行为属于就业歧视?

《妇女权益保障法》第四十三条规定，用人单位在招录（聘）过程中，除国家另有规定外，不得实施下列行为：（一）限定为男性或者规定男性优先；（二）除个人基本信息外，进一步询问或者调查女性求职者的婚育情况；（三）将妊娠测试作为入职体检项目；（四）将限制结婚、生育或者婚姻、生育状况作为录（聘）用条件；（五）其他以性别为由拒绝录（聘）用妇女或者差别化地提高对妇女录（聘）用标准的行为。因此，若用人单位有以上行为，就属于就业歧视。

16. 用人单位与女职工签订的劳动（聘用）合同，有哪些特别的要求?

《妇女权益保障法》第四十四条第一款规定，用人单位在录（聘）用女职工时，应当依法与其签订劳动（聘用）合同或者服务协议，劳动（聘用）合同或者服务协议中应当具备女职工特殊保护条款，并不得规定限制女职工结婚、生育等内容。

17. 晋职、晋级过程中的性别歧视行为，是否属于劳动保障监察范围?

《妇女权益保障法》第四十九条第规定，人力资源和社会保障部门应当将招聘、录取、晋职、晋级、评聘专业技术职称和职务、培训、辞退等过程中的性别歧视行为纳入劳动保障监察范围。因此，晋职、晋级过程中的性别歧视行为，属于劳动保障监察范围。

18.《妇女权益保障法》对困难妇女的权益保障有哪些规定?

《妇女权益保障法》专门对困难妇女的权益保障作出了具体规定。一是各级人民政府和有关部门应当采取必要措施，加强贫困妇女、老龄妇女、残疾妇女等困难妇女的权益保障，按照有关规定为其提供生活帮扶、就业创业支持等关爱服务（第五十二条）。二是各级人民政府和有关部门应当完善就业保障政策措施，防止和纠正就业性别歧视，为妇女创造公平的就业创业环境，为就业困难的妇女提供必要的扶持和援助（第四十二条）。三是地方各级人民政府和有关部门应当按照国家有关规定，为符合条件的困难妇女提供必要的生育救助（第五十一条第三款）。

19.《妇女权益保障法》中，关于女性心理健康的支持与服务有哪些规定?

《妇女权益保障法》规定，学校应当根据女学生的年龄阶段，进行生理卫生、心理健康和自我保护教育，在教育、管理、设施等方面采取措施，提高其防范性侵害、性骚扰的自我保护意识和能力，保障女学生的人身安全和身心健康发展（第二十四条第一款）。国家建立健全妇女健康服务体系，保障妇女享有基本医疗卫生服务，开展妇女常见病、多发病的预防、筛查和诊疗，提高妇女健康水平。国家采取必要措施，开展经期、孕期、产期、哺乳期和更年期的健康知识普及、卫生保健和疾病防治，保障妇女特殊生理时期的健康需求，为有需要的妇女提供心理健康服务支持（第三十条）。

20. 能否以离婚或丧偶为由，剥夺妇女在农村集体经济组织中的权益？

不能。《妇女权益保障法》第五十六条规定，村民自治章程、村规民约，村民会议、村民代表会议的决定以及其他涉及村民利益事项的决定，不得以妇女未婚、结婚、离婚、丧偶、户无男性等为由，侵害妇女在农村集体经济组织中的各项权益。因结婚男方到女方住所落户的，男方和子女享有与所在地农村集体经济组织成员平等的权益。因此，不得以离婚或丧偶为由，剥夺妇女在农村集体经济组织中的各项权益。

21. 丧偶儿媳对公婆尽了赡养义务的，能否作为第一顺序继承人？

可以。《妇女权益保障法》第五十九条规定，丧偶儿媳对公婆尽了主要赡养义务的，作为第一顺序继承人，其继承权不受子女代位继承的影响。因此，对公婆尽了赡养义务的丧偶儿媳可以作为第一顺序继承人。

22. 有关部门、单位、组织对预防和制止家庭暴力有哪些责任？

《妇女权益保障法》第六十五条规定，禁止对妇女实施家庭暴力。县级以上人民政府有关部门、司法机关、社会团体、企业事业单位、基层群众性自治组织以及其他组织，应当在各自的职责范围内预防和制止家庭暴力，依法为受害妇女提供救助。

23. 女方负担较多家庭义务的，在离婚时是否有权要求补偿？

《妇女权益保障法》第六十八条规定，夫妻双方应当共同负担家庭义务，共同照顾家庭生活。女方因抚育子女、照料老人、协助男方工作等负担较多义务的，有权在离婚时要求男方予以补偿。补偿办法由双方协议确定；协议不成的，可以向人民法院提起诉讼。

24. 父亲死亡后，母亲对未成年子女的监护权有哪些保护规定？

《妇女权益保障法》第七十条规定，父母双方对未成年子女享有平等的监护权。父亲死亡、无监护能力或者有其他情形不能担任未成年子女的监护人的，母亲的监护权任何组织和个人不得干涉。因此，父亲死亡后，母亲对未成年子女的监护权不能受到任何组织和个人的干涉。

25. 当妇女权益遭受侵害时，有哪些维权途径？

合法权益受到侵害的妇女，有权要求有关部门依法处理，或者依法申请调解、仲裁，或者向人民法院起诉。对符合条件的妇女，当地法律援助机构或者司法机关应当给予帮助，依法为其提供法律援助或者司法救助（第七十二条第二款、第三款）。妇女的合法权益受到侵害的，可以向妇女联合会等妇女组织求助。受害妇女进行诉讼需要帮助的，妇女联合会应当给予支持和帮助（第七十三条）。

受害妇女还可以通过全国统一的妇女权益保护服务热线进行咨询、投诉、举报等。

26. 哪些情形下，检察机关可以依法提起维护妇女权益的公益诉讼？

《妇女权益保障法》第七十七条规定，侵害妇女合法权益，导致社会公共利益受损的，检察机关可以发出检察建议；有下列情形之一的，检察机关可以依法提起公益诉讼：（一）确认农村妇女集体经济组织成员身份时侵害妇女权益或者侵害妇女享有的农村土地承包和集体收益、土地征收征用补偿分配权益和宅基地使用权益；（二）侵害妇女平等就业权益；（三）相关单位未采取合理措施预防和制止性骚扰；（四）通过大众传播媒介或者其他方式贬低损害妇女人格；（五）其他严重侵害妇女权益的情形。

27. 对侵害妇女权益行为的支持起诉制度是什么？

《妇女权益保障法》第七十八条规定，国家机关、社会团体、企业事业单位对侵害妇女权益的行为，可以支持受侵害的妇女向人民法院起诉。

28. 住宿经营者发现侵害妇女权益犯罪而未履行报告义务须承担什么责任？

根据《妇女权益保障法》第八十一条的规定，违反本法第二十六条规定，未履行报告等义务的，依法给予警告、责令停业整顿或者吊销营业执照、吊销相关许可证，并处一万元以上五万元以下罚款。

29. 通过大众传播媒介等方式贬低损害妇女人格的，应承担什么责任？

根据《妇女权益保障法》第八十二条的规定，违反本法规定，通过大众传播媒介或者其他方式贬低损害妇女人格的，由公安、网信、文化旅游、广播电视、新闻出版或者其他有关部门依据各自的职权责令改正，并依法给予行政处罚。

30. 对侵害妇女权益的申诉、控告等不予查处，对侵害行为未及时制止的，应承担什么责任？

《妇女权益保障法》第八十四条规定，违反本法规定，对侵害妇女权益的申诉、控告、检举，推诿、拖延、压制不予查处，或者对提出申诉、控告、检举的人进行打击报复的，依法责令改正，并对直接负责的主管人员和其他直接责任人员给予处分。国家机关及其工作人员未依法履行职责，对侵害妇女权益的行为未及时制止或者未给予受害妇女必要帮助，造成严重后果的，依法对直接负责的主管人员和其他直接责任人员给予处分。违反本法规定，侵害妇女人身和人格权益、文化教育权益、劳动和社会保障权益、财产权益以及婚姻家庭权益的，依法责令改正，直接负责的主管人员和其他直接责任人员属于国家工作人员的，依法给予处分。

第二部分 《妇女权益保障法》及关联法规、司法解释、典型案例

中华人民共和国妇女权益保障法

（1992 年 4 月 3 日第七届全国人民代表大会第五次会议通过 根据 2005 年 8 月 28 日第十届全国人民代表大会常务委员会第十七次会议《关于修改〈中华人民共和国妇女权益保障法〉的决定》第一次修正 根据 2018 年 10 月 26 日第十三届全国人民代表大会常务委员会第六次会议《关于修改〈中华人民共和国野生动物保护法〉等十五部法律的决定》第二次修正 2022 年 10 月 30 日第十三届全国人民代表大会常务委员会第三十七次会议修订）

第一章 总 则

第一条 【立法目的】[①] 为了保障妇女的合法权益，促进男女平等和妇女全面发展[②]，充分发挥妇女在全面建设社会主义现代化国家中的作用，弘扬社会主义核心价值观，根据宪法，制定本法。

---

① 法条条数后“【】”内的文字，为编者概括的条旨，仅供参考。

② 加灰底色的部分，为编者标示的《妇女权益保障法》2022 年新修订增加的内容，仅供参考。

第二条　【男女平等与妇女依法特殊保护】男女平等是国家的基本国策。妇女在政治的、经济的、文化的、社会的和家庭的生活等各方面享有同男子平等的权利。

国家采取必要措施，促进男女平等，消除对妇女一切形式的歧视，禁止排斥、限制妇女依法享有和行使各项权益①。

国家保护妇女依法享有的特殊权益。

宪法

《宪法》（2018 年修正，2018 年 3 月 11 日起施行）

第四十八条　中华人民共和国妇女在政治的、经济的、文化的、社会的和家庭的生活等各方面享有同男子平等的权利。

国家保护妇女的权利和利益，实行男女同工同酬，培养和选拔妇女干部。

第四十九条　婚姻、家庭、母亲和儿童受国家的保护。

……

禁止破坏婚姻自由，禁止虐待老人、妇女和儿童。

法律

《就业促进法》（2015 年修正，2015 年 4 月 24 日起施行）

第二十七条　国家保障妇女享有与男子平等的劳动权利。

用人单位招用人员，除国家规定的不适合妇女的工种或者岗位外，不得以性别为由拒绝录用妇女或者提高对妇女的录用标准。

用人单位录用女职工，不得在劳动合同中规定限制女职工结婚、生育的内容。

① 下划线处为编者标示的与关联法条相关内容，仅供参考。

第三条 【妇女权益保障工作领导和工作机制】坚持中国共产党对妇女权益保障工作的领导，建立政府主导、各方协同、社会参与的保障妇女权益工作机制。

各级人民政府应当重视和加强妇女权益的保障工作。

县级以上人民政府负责妇女儿童工作的机构，负责组织、协调、指导、督促有关部门做好妇女权益的保障工作。

县级以上人民政府有关部门在各自的职责范围内做好妇女权益的保障工作。

第四条 【保障妇女合法权益】保障妇女的合法权益是全社会的共同责任。国家机关、社会团体、企业事业单位、基层群众性自治组织以及其他组织和个人，应当依法保障妇女的权益。

国家采取有效措施，为妇女依法行使权利提供必要的条件。

第五条 【妇女发展纲要和规划】国务院制定和组织实施中国妇女发展纲要，将其纳入国民经济和社会发展规划，保障和促进妇女在各领域的全面发展。

县级以上地方各级人民政府根据中国妇女发展纲要，制定和组织实施本行政区域的妇女发展规划，将其纳入国民经济和社会发展规划。

县级以上人民政府应当将妇女权益保障所需经费列入本级预算。

国务院规范性文件

《中国妇女发展纲要（2021—2030年）》（略），参见《国务院关于印发中国妇女发展纲要和中国儿童发展纲要的通知》（国发〔2021〕16号，2021年9月8日）

第六条　【妇联等群团组织应做好维护妇女权益工作】中华全国妇女联合会和地方各级妇女联合会依照法律和中华全国妇女联合会章程，代表和维护各族各界妇女的利益，做好维护妇女权益、促进男女平等和妇女全面发展的工作。

工会、共产主义青年团、残疾人联合会等群团组织应当在各自的工作范围内，做好维护妇女权益的工作。

第七条　【国家鼓励妇女维护合法权益】国家鼓励妇女自尊、自信、自立、自强，运用法律维护自身合法权益。

妇女应当遵守国家法律，尊重社会公德、职业道德和家庭美德，履行法律所规定的义务。

第八条　【立法应当听取妇联意见，考虑妇女特殊权益】有关机关制定或者修改涉及妇女权益的法律、法规、规章和其他规范性文件，应当听取妇女联合会的意见，充分考虑妇女的特殊权益，必要时开展男女平等评估。

法律

《劳动合同法》（2012年修正，2013年7月1日起施行）

第四十二条　劳动者有下列情形之一的，用人单位不得依照本法第四十条、第四十一条的规定解除劳动合同：

……

（四）女职工在孕期、产期、哺乳期的；

……

行政法规

《女职工劳动保护特别规定》（2012年4月28日起施行）

第四条　用人单位应当遵守女职工禁忌从事的劳动范围的规定。用人单位应当将本单位属于女职工禁忌从事的劳动范围的岗位书面告知女职工。

女职工禁忌从事的劳动范围由本规定附录列示。国务院安全生产监督管理部门会同国务院人力资源社会保障行政部门、国务院卫生行政部门根据经济社会发展情况，对女职工禁忌从事的劳动范围进行调整。

第九条 【妇女发展状况统计调查制度】国家建立健全妇女发展状况统计调查制度，完善性别统计监测指标体系，定期开展妇女发展状况和权益保障统计调查和分析，发布有关信息。

第十条 【男女平等基本国策纳入国民教育体系】国家将男女平等基本国策纳入国民教育体系，开展宣传教育，增强全社会的男女平等意识，培育尊重和关爱妇女的社会风尚。

法律

《职业教育法》（2022年修订，2022年5月1日起施行）

第十条第五款 国家保障妇女平等接受职业教育的权利。

第十一条 【表彰和奖励】国家对保障妇女合法权益成绩显著的组织和个人，按照有关规定给予表彰和奖励。

第二章 政治权利

第十二条 【保障妇女平等的政治权利】国家保障妇女享有与男子平等的政治权利。

第十三条 【参与国家和社会管理，提出意见和建议权】妇女有权通过各种途径和形式，依法参与管理国家事务、管理经济和文化事业、管理社会事务。

妇女和妇女组织有权向各级国家机关提出妇女权益保障方面的意见和建议。

第十四条　【平等的选举权和被选举权】妇女享有与男子平等的选举权和被选举权。

全国人民代表大会和地方各级人民代表大会的代表中，应当保证有适当数量的妇女代表。国家采取措施，逐步提高全国人民代表大会和地方各级人民代表大会的妇女代表的比例。

居民委员会、村民委员会成员中，*应当保证有适当数量的妇女成员*①。

法律

《全国人民代表大会和地方各级人民代表大会选举法》（2020年修正，2020年10月18日起施行）

第七条第一款　全国人民代表大会和地方各级人民代表大会的代表应当具有广泛的代表性，应当有适当数量的基层代表，特别是工人、农民和知识分子代表；应当有适当数量的妇女代表，并逐步提高妇女代表的比例。

《村民委员会组织法》（2018年修正，2018年12月29日起施行）

第六条　村民委员会由主任、副主任和委员共三至七人组成。

村民委员会成员中，应当有妇女成员，多民族村民居住的村应当有人数较少的民族的成员。

对村民委员会成员，根据工作情况，给予适当补贴。

第二十五条第一款　人数较多或者居住分散的村，可以设立村

① 斜体的部分，为编者标示的《妇女权益保障法》2022年新修订与之前相比有改动的地方，仅供参考。

民代表会议，讨论决定村民会议授权的事项。村民代表会议由村民委员会成员和村民代表组成，村民代表应当占村民代表会议组成人员的五分之四以上，妇女村民代表应当占村民代表会议组成人员的三分之一以上。

法规

《全民所有制工业企业职工代表大会条例》（1986 年 10 月 1 日起施行）

第十二条第一款　职工代表中应当有工人、技术人员、管理人员、领导干部和其他方面的职工。其中企业和车间、科室行政领导干部一般为职工代表总数的五分之一。青年职工和女职工应当占适当比例。

第十五条　【女干部的培养和选拔】国家积极培养和选拔女干部，重视培养和选拔少数民族女干部。

国家机关、群团组织、企业事业单位培养、选拔和任用干部，应当坚持男女平等的原则，并有适当数量的妇女担任领导成员。

妇女联合会及其团体会员，可以向国家机关、群团组织、企业事业单位推荐女干部。

国家采取措施支持女性人才成长。

第十六条　【妇联的职责】妇女联合会代表妇女积极参与国家和社会事务的民主协商、民主决策、民主管理和民主监督。

团体规定

《中华全国妇女联合会章程》（2018 年修改，2018 年 11 月 2 日起施行）

第三条　代表妇女参与管理国家事务、管理经济和文化事业、管理社会事务，参与民主决策、民主管理、民主监督，参与有关法律、法规、规章和政策的制定，参与社会治理和公共服务，推动保障妇女权益法律政策和妇女、儿童发展纲要的实施。

第十七条　【对涉及妇女权益的批评建议、申诉、控告和检举的处理】对于有关妇女权益保障工作的批评或者合理可行的建议，有关部门应当听取和采纳；对于有关侵害妇女权益的申诉、控告和检举，有关部门*应当*查清事实，负责处理，任何组织和个人不得压制或者打击报复。

第三章　人身和人格权益

第十八条　【保障妇女平等的人身和人格权益】国家保障妇女享有与男子平等的人身和人格权益。

第十九条　【妇女人身自由不受侵犯】妇女的人身自由不受侵犯。禁止非法拘禁和以其他非法手段剥夺或者限制妇女的人身自由；禁止非法搜查妇女的身体。

第二十条　【妇女人格尊严不受侵犯】妇女的人格尊严不受侵犯。禁止用侮辱、诽谤等方式损害妇女的人格尊严。

第二十一条　【妇女生命权、身体权、健康权不受侵犯】妇女的*生命权、身体权、健康权*不受侵犯。禁止虐待、遗弃、残害、买卖以及其他侵害女性生命健康权益的行为。

禁止进行非医学需要的胎儿性别鉴定和选择性别的人工终止妊娠。

医疗机构施行生育手术、特殊检查或者特殊治疗时，应当征得妇女本人同意；在妇女与其家属或者关系人意见不一致时，应当尊重妇女本人意愿。

法律

《刑法》（2020年修正，2021年3月1日起施行）

第二百三十六条 【强奸罪】以暴力、胁迫或者其他手段强奸妇女的，处三年以上十年以下有期徒刑。

奸淫不满十四周岁的幼女的，以强奸论，从重处罚。

强奸妇女、奸淫幼女，有下列情形之一的，处十年以上有期徒刑、无期徒刑或者死刑：

（一）强奸妇女、奸淫幼女情节恶劣的；

（二）强奸妇女、奸淫幼女多人的；

（三）在公共场所当众强奸妇女、奸淫幼女的；

（四）二人以上轮奸的；

（五）奸淫不满十周岁的幼女或者造成幼女伤害的；

（六）致使被害人重伤、死亡或者造成其他严重后果的。

第二百三十七条 【强制猥亵、侮辱罪】以暴力、胁迫或者其他方法强制猥亵他人或者侮辱妇女的，处五年以下有期徒刑或者拘役。

聚众或者在公共场所当众犯前款罪的，或者有其他恶劣情节的，处五年以上有期徒刑。

……

典型案例

最高人民法院发布侵犯妇女儿童权益犯罪典型案例（2016年3月8日）之三：黄泽学强奸案

【基本案情】

2003年冬季至2014年期间，被告人黄泽学以金钱引诱、殴打、威胁等方式，多次对其继女晋某甲（被害人，1990 年出生）、晋某乙（被害人，1992 年出生）、晋某丙（被害人，1995 年出生）进行奸淫。晋某乙住校读书期间，黄泽学还发手机短信到晋某乙同学的手机上，威胁晋某乙必须回家与其继续发生性关系。2014 年 5 月的一天，黄泽学授意其亲生女儿诱骗女同学晋某某（2001 年 10 月出生）留宿其家，趁晋某某睡觉时欲强奸晋某某，遭晋某某反抗并提出要回家而未遂。

【裁判结果】

法院经审理认为，被告人黄泽学采取暴力、威胁等手段长期对 3 名不满 14 周岁的继女实施奸淫，强奸未满 14 周岁的晋某某未遂的行为，均已构成强奸罪，应依法从重处罚。黄泽学犯罪情节特别恶劣，后果特别严重，依照刑法有关规定，以强奸罪判处被告人黄泽学无期徒刑，剥夺政治权利终身。

【典型意义】

本案是一起继父强奸年幼继女的典型案件。根据我国刑法规定，奸淫不满 14 周岁的幼女的，以强奸论，从重处罚。这种发生在家庭内部的性侵行为，具有高度隐蔽性，被害人往往被长期侵犯而不被发现，其身心遭到巨大损害。不仅如此，这种行为也严重破坏了社会、家庭的基本伦理道德观。鉴于此，最高人民法院、最高人民检察院、公安部、司法部①联合发布的《关于依法惩治性侵害未成年人犯罪的意见》中规定，对未成年人负有监护职责的人员及与未成年人有共同家庭生活关系的人员实施强奸的，更要依法从严惩处。本案被告人黄泽学身为 3 名年幼被害人的继父，利用与被害

---

① 本书以下简称为“两高两部”。

人共同生活的便利条件，在长达十余年时间内多次对被害人实施奸淫，不仅严重侵害了被害人身心健康，更是严重违反了社会人伦，社会危害极大，影响极其恶劣，最终受到法律的严惩。本案的发生给未成年人及其监护人或近亲属一个警示，应提高防范性侵的意识和能力，发现犯罪后，要勇于揭露、制止犯罪，防止因一味沉默忍让而致不法分子得寸进尺，致使遭受更大伤害。同时，社会、学校也要加强对未成年人防范各种侵害的意识教育。根据反家庭暴力法的规定，学校发现未成年人遭受或者疑似遭受家庭成员侵害的，有义务及时向公安机关报案。

第二十二条　【禁止拐卖、绑架妇女及发现报告和解救】 禁止拐卖、绑架妇女；禁止收买被拐卖、绑架的妇女；禁止阻碍解救被拐卖、绑架的妇女。

各级人民政府和公安、民政、*人力资源*和社会保障、卫生健康等部门及村民委员会、居民委员会按照各自的职责及时发现报告，并采取措施解救被拐卖、绑架的妇女，做好被解救妇女的安置、救助和关爱等工作。妇女联合会协助和配合做好有关工作。任何组织和个人不得歧视被拐卖、绑架的妇女。

法律

《刑法》（2020年修正，2021年3月1日起施行）

第二百四十条　【拐卖妇女、儿童罪】拐卖妇女、儿童的，处五年以上十年以下有期徒刑，并处罚金；有下列情形之一的，处十年以上有期徒刑或者无期徒刑，并处罚金或者没收财产；情节特别严重的，处死刑，并处没收财产：

（一）拐卖妇女、儿童集团的首要分子；

（二）拐卖妇女、儿童三人以上的；

（三）奸淫被拐卖的妇女的；

（四）诱骗、强迫被拐卖的妇女卖淫或者将被拐卖的妇女卖给他人迫使其卖淫的；

（五）以出卖为目的，使用暴力、胁迫或者麻醉方法绑架妇女、儿童的；

（六）以出卖为目的，偷盗婴幼儿的；

（七）造成被拐卖的妇女、儿童或者其亲属重伤、死亡或者其他严重后果的；

（八）将妇女、儿童卖往境外的。

拐卖妇女、儿童是指以出卖为目的，有拐骗、绑架、收买、贩卖、接送、中转妇女、儿童的行为之一的。

第二百四十一条　【收买被拐卖的妇女、儿童罪】收买被拐卖的妇女、儿童的，处三年以下有期徒刑、拘役或者管制。

【强奸罪】收买被拐卖的妇女，强行与其发生性关系的，依照本法第二百三十六条的规定定罪处罚。

【非法拘禁罪】【故意伤害罪】【侮辱罪】收买被拐卖的妇女、儿童，非法剥夺、限制其人身自由或者有伤害、侮辱等犯罪行为的，依照本法的有关规定定罪处罚。

收买被拐卖的妇女、儿童，并有第二款、第三款规定的犯罪行为的，依照数罪并罚的规定处罚。

【拐卖妇女、儿童罪】收买被拐卖的妇女、儿童又出卖的，依照本法第二百四十条的规定定罪处罚。

收买被拐卖的妇女、儿童，对被买儿童没有虐待行为，不阻碍对其进行解救的，可以从轻处罚；按照被买妇女的意愿，不阻碍其返回原居住地的，可以从轻或者减轻处罚。

第二百四十二条　【妨害公务罪】以暴力、威胁方法阻碍国家机关工作人员解救被收买的妇女、儿童的，依照本法第二百七十七条的规定定罪处罚。

【聚众阻碍解救被收买的妇女、儿童罪】聚众阻碍国家机关工作人员解救被收买的妇女、儿童的首要分子，处五年以下有期徒刑或者拘役；其他参与者使用暴力、威胁方法的，依照前款的规定处罚。

第四百一十六条　【不解救被拐卖、绑架妇女、儿童罪】对被拐卖、绑架的妇女、儿童负有解救职责的国家机关工作人员，接到被拐卖、绑架的妇女、儿童及其家属的解救要求或者接到其他人的举报，而对被拐卖、绑架的妇女、儿童不进行解救，造成严重后果的，处五年以下有期徒刑或者拘役。

【阻碍解救被拐卖、绑架妇女、儿童罪】负有解救职责的国家机关工作人员利用职务阻碍解救的，处二年以上七年以下有期徒刑；情节较轻的，处二年以下有期徒刑或者拘役。

司法解释

《全国人民代表大会常务委员会关于严惩拐卖、绑架妇女、儿童的犯罪分子的决定》（2009年修正，2009年8月27日起施行）

为了严惩拐卖、绑架妇女、儿童的犯罪分子，保护妇女、儿童的人身安全，维护社会治安秩序，对刑法有关规定作如下补充修改：

一、拐卖妇女、儿童的，处五年以上十年以下有期徒刑，并处一万元以下罚金；有下列情形之一的，处十年以上有期徒刑或者无期徒刑，并处一万元以下罚金或者没收财产；情节特别严重的，处死刑，并处没收财产：

（一）拐卖妇女、儿童集团的首要分子；

（二）拐卖妇女、儿童三人以上的；

（三）奸淫被拐卖的妇女的；

（四）诱骗、强迫被拐卖的妇女卖淫或者将被拐卖的妇女卖给他人迫使其卖淫的；

（五）造成被拐卖的妇女、儿童或者其亲属重伤、死亡或者其他严重后果的；

（六）将妇女、儿童卖往境外的。

拐卖妇女、儿童是指以出卖为目的，有拐骗、收买、贩卖、接送、中转妇女、儿童的行为之一的。

二、以出卖为目的，使用暴力、胁迫或者麻醉方法绑架妇女、儿童的，处十年以上有期徒刑或者无期徒刑，并处一万元以下罚金或者没收财产；情节特别严重的，处死刑，并处没收财产。

以出卖或者勒索财物为目的，偷盗婴幼儿的，依照本条第一款的规定处罚。

以勒索财物为目的绑架他人的，依照本条第一款的规定处罚。

三、严禁收买被拐卖、绑架的妇女、儿童。收买被拐卖、绑架的妇女、儿童的，处三年以下有期徒刑、拘役或者管制。

收买被拐卖、绑架的妇女，强行与其发生性关系的，依照刑法关于强奸罪的规定处罚。

收买被拐卖、绑架的妇女、儿童，非法剥夺、限制其人身自由或者有伤害、侮辱、虐待等犯罪行为的，依照刑法的有关规定处罚。

收买被拐卖、绑架的妇女、儿童，并有本条第二款、第三款规定的犯罪行为的，依照刑法关于数罪并罚的规定处罚。

收买被拐卖、绑架的妇女、儿童又出卖的，依照本决定第一条的规定处罚。

收买被拐卖、绑架的妇女、儿童，按照被买妇女的意愿，不阻碍其返回原居住地的，对被买儿童没有虐待行为，不阻碍对其进行解救的，可以不追究刑事责任。

四、任何个人或者组织不得阻碍对被拐卖、绑架的妇女、儿童的解救，并不得向被拐卖、绑架的妇女、儿童及其家属或者解救人索要收买妇女、儿童的费用和生活费用；对已经索取的收买妇女、儿童的费用和生活费用，予以追回。

以暴力、威胁方法阻碍国家工作人员解救被收买的妇女、儿童的，依照刑法第一百五十七条的规定处罚；协助转移、隐藏或者以其他方法阻碍国家工作人员解救被收买的妇女、儿童，未使用暴力、威胁方法的，依照治安管理处罚法的规定处罚。

聚众阻碍国家工作人员解救被收买的妇女、儿童的首要分子，处五年以下有期徒刑或者拘役；其他参与者，依照本条第二款的规定处罚。

五、各级人民政府对被拐卖、绑架的妇女、儿童负有解救职责，解救工作由公安机关同有关部门负责执行。负有解救职责的国家工作人员接到被拐卖、绑架的妇女、儿童及其家属的解救要求或者接到其他人的举报，而对被拐卖、绑架的妇女、儿童不进行解救，造成严重后果的，依照刑法第一百八十七条的规定处罚；情节较轻的，予以行政处分。

负有解救职责的国家工作人员利用职务阻碍解救的，处二年以上七年以下有期徒刑；情节较轻的，处二年以下有期徒刑或者拘役。

……

司法解释性质文件

《最高人民法院、最高人民检察院、公安部关于敦促拐卖妇女儿童相关犯罪嫌疑人投案自首的通告》（2022年4月24日起施行）

为切实维护广大妇女儿童合法权益，维护社会和谐稳定，依法严厉打击拐卖妇女、儿童犯罪活动，敦促相关犯罪嫌疑人主动投案自首、争取从宽处理，根据《中华人民共和国刑法》《中华人民共和国刑事诉讼法》有关规定，特通告如下：

一、敦促实施或者参与拐卖妇女、儿童，收买被拐卖的妇女、儿童以及关联犯罪行为的犯罪嫌疑人，自本通告发布之日起至2022年6月30日前，尽快到公安机关等有关单位、组织投案自首。

二、在本通告规定期限内自动投案，如实供述自己罪行的，可以依法从轻或者减轻处罚；犯罪较轻的，可以依法免除处罚。犯罪嫌疑人委托他人代为投案或者先以信函、电话、电子邮件等方式投案，本人随后到案的；经亲友规劝，陪同投案的；或者亲友主动报案后将犯罪嫌疑人送去投案的，均视为自动投案。

三、犯罪嫌疑人到案后有检举、揭发他人犯罪行为，经查证属实的；提供重要线索，从而得以侦破其他案件的；或者有积极协助司法机关抓捕其他犯罪嫌疑人等立功表现的，可以依法从轻或者减轻处罚。有重大立功表现的，可以依法减轻或者免除处罚。

四、犯罪嫌疑人要认清形势，珍惜机会，尽快投案自首，争取从宽处理。在规定期限内拒不投案自首，继续实施拐卖妇女、儿童相关犯罪活动的，将依法从严惩处。对于窝藏、包庇拐卖妇女、儿童的犯罪人员，帮助转移、藏匿被拐卖妇女、儿童，或者为拐卖妇女、儿童犯罪提供出具虚假结婚证明、虚假亲子鉴定、虚假出生医学证明等帮助的，将依法严厉打击。对聚众阻碍解救被收买的妇女、儿童的，依法追究刑事责任。

五、鼓励个人和有关组织积极举报、控告拐卖妇女、儿童犯罪，规劝在逃犯罪嫌疑人投案自首。对举报人、控告人及其他有关证人，司法机关依法予以保护。对威胁、报复举报人、控告人，构成犯罪的，依法追究刑事责任。

本通告自发布之日起施行。

典型案例

最高人民法院发布侵犯妇女儿童权益犯罪典型案例（2016 年 3 月 8 日）之一：马友祥、熊金义拐卖妇女案

【基本案情】

2013 年 10 月底的一天，被告人马友祥等人经被告人熊金义介绍，将被拐骗至云南省境内的越南籍妇女黄某以 6.26 万元的价格卖给安徽省宣城市的高张俊为妻，熊金义分得“介绍费”1 万元。2013 年 11 月至 2014 年 2 月，马友祥经熊金义介绍，伙同刘美英（同案被告人，已判刑）等人先后将被拐骗至云南省境内的越南籍妇女崇某某、麻某某、黄某某，以 5.6 万元至 7.6 万元不等的价格，分别卖给安徽省宣城市的管军、王鹏、吴新蕾为妻。熊金义于 2011 年至 2012 年另参与介绍拐卖越南籍妇女 3 人。

【裁判结果】

法院经审理认为，被告人马友祥、熊金义等人以出卖为目的，贩卖被拐骗的妇女，其行为均已构成拐卖妇女罪。在共同犯罪中，

马友祥起主要作用，系主犯。熊金义起次要作用，系从犯，可依法减轻处罚。依照刑法有关规定，以拐卖妇女罪判处被告人马友祥有期徒刑十一年九个月，并处罚金人民币 6 万元；以拐卖妇女罪判处被告人熊金义有期徒刑七年九个月，并处罚金人民币 3 万元。

【典型意义】

随着我国与周边国家交往的增多，一些不法分子与境外人员相勾结，从事拐卖外籍妇女犯罪活动，严重侵犯妇女的人身自由权利与人格尊严，影响我国的国际形象。本案被告人马友祥伙同被告人熊金义，将多名越南籍妇女卖给他人为妻，人民法院根据各被告人的犯罪事实、情节、危害后果及其在共同犯罪中的地位、作用，分别判处相应刑罚，彰显了我国司法坚持平等保护各国在华妇女、儿童的人身权益，坚决从严惩治一切拐卖犯罪的决心。

最高人民法院发布惩治拐卖妇女儿童犯罪典型案例（2015 年 2 月 27 日）之一：蓝树山拐卖妇女、儿童案

【基本案情】

1988 年 9 月，被告人蓝树山伙同同案被告人谭汝喜（已判刑）等人在广西壮族自治区南宁市，将被害人向某某（女，时年 22 岁）拐带至福建省大田县，经林传溪（另案处理，已判刑）等人介绍，将向某某出卖。1989 年 6 月，蓝树山伙同黄日旭（另案处理，已判刑），经“邓八”（在逃）介绍，将被害人廖某（男，时年 1 岁）从广西壮族自治区宾阳县拐带至福建省大田县，经林传溪介绍，将廖某出卖。此后至 2008 年间，蓝树山采取类似手段，单独或伙同他人在广西宾阳县、巴马县等 12 个县，钦州市、凭祥市、贵港市、河池市等地，先后将被害人韦某某、黄某某等 33

名3至10岁男童拐带至福建省大田县、永春县，经林传溪、苏二妹（另案处理，已判刑）和同案被告人郭传贴、涂文仕、陈建东（均已判刑）等人介绍，将其出卖。蓝树山拐卖妇女、儿童，非法获利共计50余万元。

【裁判结果】

广西壮族自治区河池市中级人民法院经审理认为，蓝树山为牟取非法利益，拐卖妇女、儿童，其行为已构成拐卖妇女、儿童罪。虽然蓝树山归案后坦白认罪，但其拐卖妇女、儿童人数多，时间长，主观恶性极深，社会危害极大，情节特别严重，不足以从轻处罚。依照刑法有关规定，以拐卖妇女、儿童罪判处被告人蓝树山死刑，剥夺政治权利终身，并处没收个人全部财产。宣判后，蓝树山提出上诉。广西壮族自治区高级人民法院经依法审理，裁定驳回上诉，维持原判，并依法报请最高人民法院复核。最高人民法院经依法复核，核准蓝树山死刑。罪犯蓝树山已被执行死刑。

【典型意义】

对于拐卖妇女、儿童犯罪，我国司法机关历来坚持从严惩治的方针，其中，偷盗、强抢、拐骗儿童予以出卖，造成许多家庭骨肉分离，对被拐儿童及其家庭造成巨大精神伤害与痛苦，在社会上易引发恐慌情绪，危害极大，更是从严惩治的重点。本案中，被告人蓝树山拐卖妇女1人，拐骗儿童34人予以出卖，不少儿童被拐10多年后才得以解救，回到亲生父母身边。众多家长为寻找被拐儿童耗费大量时间、金钱和精力，其中有1名被拐儿童亲属因伤心过度去世。综合考虑，蓝树山所犯罪行已属极其严重，尽管有坦白部分拐卖事实的从轻处罚情节，法院对其亦不予从轻处罚。

最高人民法院发布惩治拐卖妇女儿童犯罪典型案例（2015年2月27日）之八：王尔民收买被拐卖的妇女、非法拘禁、强奸案

【基本案情】

被告人王尔民因妻子不能生育而欲收买妇女为其生子。2013年6月，王尔民以1万元的价格从张正见、武仲廷（均系同案被告人，已判刑）处将被害人杨某（女，患有精神分裂症）收买回家。为防止杨某逃跑，王尔民将杨某关在家中杂物间，并用铁链锁住杨某的双脚，将杨某的一只手锁在一块大石头上。其间，王尔民多次与杨某发生性关系。同年7月12日，杨某被公安机关解救。

【裁判结果】

江苏省睢宁县人民法院经审理认为，王尔民收买被拐卖的妇女后非法限制其自由，明知该妇女患有精神病，还多次与其发生性关系，其行为分别构成收买被拐卖的妇女罪、非法拘禁罪和强奸罪，应依法并罚。依照刑法有关规定，对王尔民以收买被拐卖的妇女罪判处有期徒刑一年六个月；以非法拘禁罪判处有期徒刑二年六个月；以强奸罪判处有期徒刑七年，决定执行有期徒刑十年。

【典型意义】

本案是一起因收买被拐卖的妇女被判刑的典型案例。实践中，收买被拐卖的妇女不仅侵犯了妇女的人格尊严，还往往滋生出非法拘禁、强奸、伤害、侮辱等其他犯罪，严重侵犯了妇女的人身权利，社会危害不容低估。一些群众对“买主”盲目同情的错误观念亦应纠正。

第二十三条　【禁止对妇女实施性骚扰】禁止违背妇女意愿，以言语、文字、图像、肢体行为等方式对其实施性骚扰。

受害妇女可以向有关单位和国家机关投诉。接到投诉的有关单位和国家机关应当及时处理，并书面告知处理结果。

受害妇女可以向公安机关报案，也可以向人民法院提起民事诉讼，依法请求行为人承担民事责任。

第二十四条 【学校应建立预防和处置女学生受性侵害、性骚扰工作制度】学校应当根据女学生的年龄阶段，进行生理卫生、心理健康和自我保护教育，在教育、管理、设施等方面采取措施，提高其防范性侵害、性骚扰的自我保护意识和能力，保障女学生的人身安全和身心健康发展。

学校应当建立有效预防和科学处置性侵害、性骚扰的工作制度。对性侵害、性骚扰女学生的违法犯罪行为，学校不得隐瞒，应当及时通知受害未成年女学生的父母或者其他监护人，向公安机关、教育行政部门报告，并配合相关部门依法处理。

对遭受性侵害、性骚扰的女学生，学校、公安机关、教育行政部门等相关单位和人员应当保护其隐私和个人信息，并提供必要的保护措施。

司法解释性质文件

最高人民检察院、教育部、公安部《关于建立教职员工准入查询性侵违法犯罪信息制度的意见》（2020年8月20日起施行）

第二条 最高人民检察院、教育部与公安部联合建立信息共享工作机制。教育部统筹、指导各级教育行政部门及教师资格认定机构实施教职员工准入查询制度。公安部协助教育部开展信息查询工作。最高人民检察院对相关工作情况开展法律监督。

……

第五条　学校新招录教师、行政人员、勤杂人员、安保人员等在校园内工作的教职员工，在入职前应当进行性侵违法犯罪信息查询。

在认定教师资格前，教师资格认定机构应当对申请人员进行性侵违法犯罪信息查询。

第六条　教育行政部门应当做好在职教职员工性侵违法犯罪信息的筛查。

第二十五条　【用人单位应预防和制止对妇女的性骚扰】用人单位应当采取下列措施预防和制止对妇女的性骚扰：

（一）制定禁止性骚扰的规章制度；

（二）明确负责机构或者人员；

（三）开展预防和制止性骚扰的教育培训活动；

（四）采取必要的安全保卫措施；

（五）设置投诉电话、信箱等，畅通投诉渠道；

（六）建立和完善调查处置程序，及时处置纠纷并保护当事人隐私和个人信息；

（七）支持、协助受害妇女依法维权，必要时为受害妇女提供心理疏导；

（八）其他合理的预防和制止性骚扰措施。

第二十六条　【住宿经营者及时报告义务】住宿经营者应当及时准确登记住宿人员信息，健全住宿服务规章制度，加强安全保障措施；发现可能侵害妇女权益的违法犯罪行为，应当及时向公安机关报告。

第二十七条　【禁止卖淫、嫖娼】禁止卖淫、嫖娼；禁止组织、强迫、引诱、容留、介绍妇女卖淫或者对妇女进行猥亵活动；禁止组织、强迫、引诱、容留、介绍妇女在任何场所或者利用网络进行淫秽表演活动。

法律

《刑法》（2020年修正，2021年3月1日起施行）

第三百五十八条 【组织卖淫罪】【强迫卖淫罪】组织、强迫他人卖淫的，处五年以上十年以下有期徒刑，并处罚金；情节严重的，处十年以上有期徒刑或者无期徒刑，并处罚金或者没收财产。

组织、强迫未成年人卖淫的，依照前款的规定从重处罚。

犯前两款罪，并有杀害、伤害、强奸、绑架等犯罪行为的，依照数罪并罚的规定处罚。

【协助组织卖淫罪】为组织卖淫的人招募、运送人员或者有其他协助组织他人卖淫行为的，处五年以下有期徒刑，并处罚金；情节严重的，处五年以上十年以下有期徒刑，并处罚金。

第三百五十九条 【引诱、容留、介绍卖淫罪】引诱、容留、介绍他人卖淫的，处五年以下有期徒刑、拘役或者管制，并处罚金；情节严重的，处五年以上有期徒刑，并处罚金。

【引诱幼女卖淫罪】引诱不满十四周岁的幼女卖淫的，处五年以上有期徒刑，并处罚金。

第三百六十一条 【特定单位的人员组织、强迫、引诱、容留、介绍卖淫的处理规定】旅馆业、饮食服务业、文化娱乐业、出租汽车业等单位的人员，利用本单位的条件，组织、强迫、引诱、容留、介绍他人卖淫的，依照本法第三百五十八条、第三百五十九条的规定定罪处罚。

前款所列单位的主要负责人，犯前款罪的，从重处罚。

第二十八条　【妇女人格权益受法律保护】妇女的姓名权、肖像权、名誉权、荣誉权、隐私权和个人信息等人格权益受法律保护。

媒体报道涉及妇女事件应当客观、适度，不得通过夸大事实、过度渲染等方式侵害妇女的人格权益。

禁止通过大众传播媒介或者其他方式贬低损害妇女人格。未经本人同意，不得通过广告、商标、展览橱窗、报纸、期刊、图书、音像制品、电子出版物、网络等形式使用妇女肖像，但法律另有规定的除外。

法律

《民法典》（2021年1月1日起施行）

第一百一十条第一款　自然人享有生命权、身体权、健康权、姓名权、肖像权、名誉权、荣誉权、隐私权、婚姻自主权等权利。

第一百一十一条　自然人的个人信息受法律保护。任何组织或者个人需要获取他人个人信息的，应当依法取得并确保信息安全，不得非法收集、使用、加工、传输他人个人信息，不得非法买卖、提供或者公开他人个人信息。

第一千零四十一条第三款　保护妇女、未成年人、老年人、残疾人的合法权益。

典型案例

最高人民检察院、中华全国妇女联合会《妇女权益保障检察公益诉讼典型案例》之六：江西省樟树市人民检察院督促整治低俗广告贬低损害妇女人格行政公益诉讼案

【要旨】

针对企业通过发布含物化、矮化女性或贬低损害妇女人格等低俗内容的广告进行恶意营销的行为，检察机关可以通过发出检察建议，督促行政机关依法查处企业广告违法行为，推动开展区域内行业整治，引导企业加强合规建设，维护妇女合法权益。

【基本案情】

2021年8月1日，江西某公司委托某科技公司对妇炎洁女性个护保养系列产品提供运营、策划、推广、销售等服务。2022年4月30日，该科技公司在天猫妇炎洁官方旗舰店推广销售“妇炎洁玻尿酸玫瑰滋养洗液”产品时，在商品详情页面的广告宣传中使用“洗出‘少女粉’”“黑！暗沉发黑，遭伴侣嫌弃”等大量低俗、恶俗、媚俗用语，贬损妇女人格尊严，造成了恶劣社会影响。

【典型意义】

妇女人格权受法律保护。企业发布贬损女性人格的低俗产品广告误导大众，不仅违背公序良俗，也违反相关法律规定，损害了广大女性的人格尊严与合法权益。本案中，检察机关结合专家意见、公开听证结论，依法发出诉前检察建议，督促相关职能部门依法约谈企业并责令下架相关产品，开展低俗广告专项整治活动，促进行业自律，引导企业合规发展，规范广告发布等经营行为，积极参与社会公益事业，实现了三个效果的有机统一。

最高人民检察院、中华全国妇女联合会《妇女权益保障检察公益诉讼典型案例》之五：江苏省滨海县人民检察院诉王某红侵犯孕产妇生育信息刑事附带民事公益诉讼案

【要旨】

针对孕产妇生育信息被泄露、滥用的行为，检察机关充分发挥刑事、公益诉讼检察职能作用，依法追究当事人的公益损害赔偿责任，并建立公益损害赔偿款财政专用账户托管机制，全方位保护公民个人健康生理信息。

【基本案情】

2016年至2020年期间，被告王某红利用自己在江苏省滨海县某镇中心卫生院的工作便利，为获取非法利益向他人提供孕产妇、新生儿等生育信息计25124条。上述信息被转售给当地母婴店和儿童摄影馆，用于定向推销母婴产品、新生儿照相等产品或服务。王某红从中非法获利人民币33200元。

【典型意义】

孕产妇生育信息属于个人健康生理信息，是《民法典》保护的有重要价值的公民个人信息。生育信息数据庞大，一旦泄露易引发针对妇女的电信诈骗、定向促销、人身骚扰等多种关联违法犯罪活动，给相关家庭人身和财产安全构成重大威胁。本案中，检察机关在通过刑事检察从严惩治侵害公民个人信息犯罪行为的同时，通过提起刑事附带民事公益诉讼、制发检察建议等方式推动相关行业领域整治，设立公益损害赔偿金专用账户，构建多部门协作配合机制，共同维护孕产妇生育信息安全。

第二十九条 【人身安全保护令】禁止以恋爱、交友为由或者在终止恋爱关系、离婚之后，纠缠、骚扰妇女，泄露、传播妇女隐私和个人信息。

妇女遭受上述侵害或者面临上述侵害现实危险的，可以向人民法院申请人身安全保护令。

司法解释

《最高人民法院关于办理人身安全保护令案件适用法律若干问题的规定》（2022年8月1日起施行）

第十条 反家庭暴力法第二十九条第四项规定的"保护申请人人身安全的其他措施"可以包括下列措施：

（一）禁止被申请人以电话、短信、即时通讯工具、电子邮件等方式侮辱、诽谤、威胁申请人及其相关近亲属；

（二）禁止被申请人在申请人及其相关近亲属的住所、学校、工作单位等经常出入场所的一定范围内从事可能影响申请人及其相关近亲属正常生活、学习、工作的活动。

典型案例

广东省高级人民法院发布反家庭暴力维护妇女儿童权益典型案例之四：刘某珍与蒋某华申请人身安全保护令案

【基本案情】

刘某珍（女）与蒋某华于2016年7月结婚。后二人在共同生活过程中因琐事经常发生争执。2018年4月19日，刘某珍因被蒋某华殴打而报警并入院治疗。同年4月24日，刘某珍向法院申请人身安全保护令。

【裁判结果】

广州市黄埔区人民法院经审查，认定刘某珍面临家庭暴力风险，遂依照反家庭暴力法的相关规定，裁定禁止蒋某华骚扰、跟踪、殴打、威胁刘某珍及其近亲属；禁止蒋某华在原告租住住所200米范围内活动。上述人身安全保护令发出后，蒋某华并未遵守人身安全保护令裁定，继续对刘某珍进行骚扰、辱骂及殴打。2018年5月20日，蒋某华再次对刘某珍实施暴力，导致刘某珍多处软组织挫伤入院治疗。因蒋某华的行为严重违反了人身安全保护令的要求，法院依法作出决定，对蒋某华拘留十日。

【法官说法】

本案是一起人民法院依法处罚违反人身安全保护令行为的案件。人身安全保护令作为一种具有强制效力的行为禁令，能够落到实处，不仅要靠当事人的自觉遵守和相关单位的监督，同时也需要对违反者进行依法制裁。对于公然违反人身安全保护令者，法院应当依照法律规定及时采取训诫、罚款、拘留等处罚措施，让施暴方受到相应的法律惩处，依法维护申请人的合法权益和人身安全保护令的权威。

第三十条　【妇女健康服务体系】国家建立健全妇女健康服务体系，保障妇女享有基本医疗卫生服务，开展妇女常见病、多发病的预防、筛查和诊疗，提高妇女健康水平。

国家采取必要措施，开展经期、孕期、产期、哺乳期和更年期的健康知识普及、卫生保健和疾病防治，保障妇女特殊生理时期的健康需求，为有需要的妇女提供心理健康服务支持。

法律

《反家庭暴力法》（2016 年 3 月 1 日起施行）

第九条　各级人民政府应当支持社会工作服务机构等社会组织开展心理健康咨询、家庭关系指导、家庭暴力预防知识教育等服务。

第三十一条　【妇幼保健和妇女卫生健康】县级以上地方人民政府应当设立妇幼保健机构，为妇女提供保健以及常见病防治服务。

国家鼓励和支持社会力量通过依法捐赠、资助或者提供志愿服务等方式，参与妇女卫生健康事业，提供安全的生理健康用品或者服务，满足妇女多样化、差异化的健康需求。

用人单位应当定期为女职工安排妇科疾病、乳腺疾病检查以及妇女特殊需要的其他健康检查。

法律

《基本医疗卫生与健康促进法》（2020 年 6 月 1 日起施行）

第二十四条　国家发展妇幼保健事业，建立健全妇幼健康服务体系，为妇女、儿童提供保健及常见病防治服务，保障妇女、儿童健康。

国家采取措施，为公民提供婚前保健、孕产期保健等服务，促进生殖健康，预防出生缺陷。

第三十二条　【生育权利与自由】妇女*依法*享有生育子女的权利，也有不生育子女的自由。

第三十三条　【妇女全生育周期系统保健制度】国家实行婚前、孕前、孕产期和产后保健制度，逐步建立妇女全生育周期系统保健制度。医疗保健机构应当提供安全、有效的医疗保健服务，保障妇女生育安全和健康。

有关部门应当提供安全、有效的避孕药具和技术，保障妇女的健康和安全。

法律

《母婴保健法》（2017 年修正，2017 年 11 月 5 日起施行）

第十四条　医疗保健机构应当为育龄妇女和孕产妇提供孕产期保健服务。

孕产期保健服务包括下列内容：

（一）母婴保健指导：对孕育健康后代以及严重遗传性疾病和碘缺乏病等地方病的发病原因、治疗和预防方法提供医学意见；

（二）孕妇、产妇保健：为孕妇、产妇提供卫生、营养、心理等方面的咨询和指导以及产前定期检查等医疗保健服务；

（三）胎儿保健：为胎儿生长发育进行监护，提供咨询和医学指导；

（四）新生儿保健：为新生儿生长发育、哺乳和护理提供医疗保健服务。

行政法规

《母婴保健法实施办法》（2022 年修订，2022 年 5 月 1 日起施行）

第十七条　医疗、保健机构应当为育龄妇女提供有关避孕、节育、生育、不育和生殖健康的咨询和医疗保健服务。

医师发现或者怀疑育龄夫妻患有严重遗传性疾病的，应当提出医学意见；限于现有医疗技术水平难以确诊的，应当向当事人说明情况。育龄夫妻可以选择避孕、节育、不孕等相应的医学措施。

第十八条 医疗、保健机构应当为孕产妇提供下列医疗保健服务：

（一）为孕产妇建立保健手册（卡），定期进行产前检查；

（二）为孕产妇提供卫生、营养、心理等方面的医学指导与咨询；

（三）对高危孕妇进行重点监护、随访和医疗保健服务；

（四）为孕产妇提供安全分娩技术服务；

（五）定期进行产后访视，指导产妇科学喂养婴儿；

（六）提供避孕咨询指导和技术服务；

（七）对产妇及其家属进行生殖健康教育和科学育儿知识教育；

（八）其他孕产期保健服务。

第三十四条 【规划、建设基础设施时应考虑妇女特殊需求】 各级人民政府在规划、建设基础设施时，应当考虑妇女的特殊需求，配备满足妇女需要的公共厕所和母婴室等公共设施。

第四章 文化教育权益

第三十五条 【保障妇女平等的文化教育权利】 国家保障妇女享有与男子平等的文化教育权利。

宪法

《宪法》（2018 年修正，2018 年 3 月 11 日起施行）

第四十八条第一款 中华人民共和国妇女在政治的、经济的、文化的、社会的和家庭的生活等各方面享有同男子平等的权利。

法律

《教育法》（2021年修正，2021年4月30日起施行）

第三十七条　受教育者在入学、升学、就业等方面依法享有平等权利。

学校和有关行政部门应当按照国家有关规定，保障女子在入学、升学、就业、授予学位、派出留学等方面享有同男子平等的权利。

第三十六条　【保障适龄女性未成年人接受并完成义务教育】父母或者其他监护人应当履行保障适龄女性未成年人接受并完成义务教育的义务。

对无正当理由不送适龄女性未成年人入学的父母或者其他监护人，由当地乡镇人民政府或者县级人民政府教育行政部门给予批评教育，依法责令其限期改正。居民委员会、村民委员会应当协助政府做好相关工作。

政府、学校应当采取有效措施，解决适龄女性未成年人就学存在的实际困难，并创造条件，保证适龄女性未成年人完成义务教育。

法律

《义务教育法》（2018年修正，2018年12月29日起施行）

第十一条　凡年满六周岁的儿童，其父母或者其他法定监护人应当送其入学接受并完成义务教育；条件不具备的地区的儿童，可以推迟到七周岁。

适龄儿童、少年因身体状况需要延缓入学或者休学的，其父母或者其他法定监护人应当提出申请，由当地乡镇人民政府或者县级人民政府教育行政部门批准。

第十三条 县级人民政府教育行政部门和乡镇人民政府组织和督促适龄儿童、少年入学，帮助解决适龄儿童、少年接受义务教育的困难，采取措施防止适龄儿童、少年辍学。

居民委员会和村民委员会协助政府做好工作，督促适龄儿童、少年入学。

第五十八条 适龄儿童、少年的父母或者其他法定监护人无正当理由未依照本法规定送适龄儿童、少年入学接受义务教育的，由当地乡镇人民政府或者县级人民政府教育行政部门给予批评教育，责令限期改正。

第三十七条 【保障妇女平等享有接受教育的权利和机会】学校和有关部门应当执行国家有关规定，保障妇女在入学、升学、授予学位、派出留学、*就业指导和服务*等方面享有与男子平等的权利。

学校在录取学生时，除国家规定的特殊专业外，不得以性别为由拒绝录取女性或者提高对女性的录取标准。

各级人民政府应当采取措施，保障女性平等享有接受中高等教育的权利和机会。

法律

《教育法》（2021 年修正，2021 年 4 月 30 日起施行）

第三十七条 受教育者在入学、升学、就业等方面依法享有平等权利。

学校和有关行政部门应当按照国家有关规定，保障女子在入学、升学、就业、授予学位、派出留学等方面享有同男子平等的权利。

部门规章

人力资源和社会保障部《就业服务与就业管理规定》（2022年修订，2022年1月7日起施行）

第十六条　用人单位在招用人员时，除国家规定的不适合妇女从事的工种或者岗位外，不得以性别为由拒绝录用妇女或者提高对妇女的录用标准。

用人单位录用女职工，不得在劳动合同中规定限制女职工结婚、生育的内容。

人力资源和社会保障部《人才市场管理规定》（2019年修订，2019年12月31日施行）

第二十三条　用人单位公开招聘人才，应当出具有关部门批准其设立的文件或营业执照（副本），并如实公布拟聘用人员的数量、岗位和条件。

用人单位在招聘人才时，不得以民族、宗教信仰为由拒绝聘用或者提高聘用标准；除国家规定的不适合妇女工作的岗位外，不得以性别为由拒绝招聘妇女或提高对妇女的招聘条件。

第三十八条　【扫除妇女文盲、半文盲工作】各级人民政府应当依照规定把扫除妇女中的文盲、半文盲工作，纳入扫盲和扫盲后继续教育规划，采取符合妇女特点的组织形式和工作方法，组织、监督有关部门具体实施。

法律

《教育法》（2021 年修正，2021 年 4 月 30 日起施行）

第二十四条　各级人民政府、基层群众性自治组织和企业事业组织应当采取各种措施，开展扫除文盲的教育工作。

按照国家规定具有接受扫除文盲教育能力的公民，应当接受扫除文盲的教育。

第三十九条　【为妇女终身学习创造条件】 国家健全全民终身学习体系，为妇女终身学习创造条件。

各级人民政府和有关部门应当采取措施，根据城镇和农村妇女的需要，组织妇女接受职业教育和实用技术培训。

法律

《教育法》（2021 年修正，2021 年 4 月 30 日起施行）

第二十条　国家实行职业教育制度和继续教育制度。

各级人民政府、有关行政部门和行业组织以及企业事业组织应当采取措施，发展并保障公民接受职业学校教育或者各种形式的职业培训。

国家鼓励发展多种形式的继续教育，使公民接受适当形式的政治、经济、文化、科学、技术、业务等方面的教育，促进不同类型学习成果的互认和衔接，推动全民终身学习。

第四十条　【保障妇女在文化活动中享有平等的权利】 国家机关、社会团体和企业事业单位应当执行国家有关规定，保障妇女从事科学、技术、文学、艺术和其他文化活动，享有与男子平等的权利。

第五章　劳动和社会保障权益

第四十一条　【保障妇女平等的劳动权利和社会保障权利】 国家保障妇女享有与男子平等的劳动权利和社会保障权利。

第四十二条　【政府和有关部门应防止和纠正就业性别歧视】 各级人民政府和有关部门应当完善就业保障政策措施，防止和纠正就业性别歧视，为妇女创造公平的就业创业环境，为就业困难的妇女提供必要的扶持和援助。

法律

《就业促进法》（2015 年修正，2015 年 4 月 24 日起施行）

第二十五条　各级人民政府创造公平就业的环境，消除就业歧视，制定政策并采取措施对就业困难人员给予扶持和援助。

第四十三条　【用人单位招录（聘）时不得实施性别歧视行为】 用人单位在招录（聘）过程中，除国家另有规定外，不得实施下列行为：

（一）限定为男性或者规定男性优先；

（二）除个人基本信息外，进一步询问或者调查女性求职者的婚育情况；

（三）将妊娠测试作为入职体检项目；

（四）将限制结婚、生育或者婚姻、生育状况作为录（聘）用条件；

（五）其他以性别为由拒绝录（聘）用妇女或者差别化地提高对妇女录（聘）用标准的行为。

典型案例

最高人民检察院、中华全国妇女联合会《妇女权益保障检察公益诉讼典型案例》之三：北京铁路运输检察院督促整治妇女就业歧视行政公益诉讼案

【要旨】

针对网络招聘服务平台违规发布歧视女性招聘信息的问题，检察机关以反就业歧视为切入点，通过诉前检察建议督促行政机关对相关用人单位进行监管，对网络招聘服务平台审核机制督促整改，推动溯源治理，切实维护妇女平等就业的合法权益。

【基本案情】

北京市海淀区部分用人单位在网络招聘服务平台上发布含有“男士优先”“限男性”等性别歧视性内容的网络招聘信息。海淀区某人力资源服务机构以提供网络招聘服务平台为服务方式，在为劳动者求职和用人单位招用人员提供服务的过程中，对用人单位提供的含有性别歧视性内容的网络招聘信息进行平台发布，未尽到审核义务。用人单位和人力资源服务机构的上述行为，侵犯了妇女平等就业的合法权益，损害了社会公共利益。

【调查和督促履职】

北京铁路运输检察院（以下简称北京铁检院）开展“保障妇女权益，促进平等就业”专项活动，依托构建的网络招聘服务平台就业歧视公益诉讼线索发现模型，对北京各大网络招聘服务平台开展大数据筛查，发现海淀区 4 家用人单位在发布招聘平面设计学

徒、现场代表、客服经理等工作岗位时，岗位要求中存在“男士优先”“限男性”等性别歧视性内容，于2022年4月6日以行政公益诉讼立案。进一步调查发现，在海淀区某人力资源服务机构运营的大型网络招聘服务平台上，有13家外省市用人单位存在发布性别歧视网络招聘信息的违法行为。北京铁检院经审查认为，根据《妇女权益保障法》《就业促进法》《人力资源市场暂行条例》《网络招聘服务管理规定》等法律法规规定，北京市海淀区人力资源和社会保障局（以下简称海淀区人社局）负有监管职责。2022年4月20日，北京铁检院与海淀区人社局召开座谈会并发出检察建议，督促行政机关对存在违法行为的用人单位及未尽审核义务的网络招聘服务平台依法查处，健全网络招聘服务监管机制，加大对辖区内人力资源服务机构开展网络招聘服务的监管力度。

检察建议发出后，行政机关积极开展整改工作：一是对4家用人单位逐一核查，督促用人单位对发布的网络招聘信息进行修改，删除性别歧视性岗位要求；二是督促涉案的某人力资源服务机构对其发布在网络招聘服务平台上的网络招聘信息自行全面筛查，及时发现并纠正违法信息，并对该人力资源服务机构分阶段开展三轮检查，确保该机构在平台发布的169家企业的网络招聘信息合法，全面整改到位；三是在辖区内开展人力资源服务行业规范经营自查行动和“以案释法”法规宣讲活动，切实保障辖区内人力资源服务机构规范化、专业化经营；四是通过督促机构自查自改和“双随机”检查相结合的方式，实现对辖区内人力资源服务机构的常态化监管。

收到行政机关书面回复后，北京铁检院积极开展跟进监督，通过网上核实行政机关履职情况，确认相关违法情形已经消除，社会公益已得到有效维护。2022年7月，北京铁检院与海淀区人社局召开座谈会，就检察建议整改、后续监管等情况深入交流，进一步凝聚共识，共同促进妇女就业、维护社会公益。

【典型意义】

反对就业歧视，保障妇女平等就业和自主择业的权利，是尊重和保障妇女权益的必然要求。随着网络招聘模式的逐渐普及，妇女就业歧视的违法行为更趋隐蔽，给行政机关监管、妇女就业维权带来一定困难。本案中，检察机关从网络招聘服务平台的监管盲区入手，依托大数据筛查，通过制发检察建议，激发行政机关监督执法主动性，规范网络招聘服务平台审核管理职责，有效避免歧视性招聘信息的发布，拓宽妇女就业渠道，注重溯源治理，推动形成妇女权益保护合力，实现了“双赢多赢共赢”的办案效果。

第四十四条 【劳动合同应具备女职工特殊保护条款】用人单位在录（聘）用女职工时，应当依法与其签订劳动（聘用）合同或者服务协议，劳动（聘用）合同或者服务协议中应当具备女职工特殊保护条款，并不得规定限制女职工结婚、生育等内容。

职工一方与用人单位订立的集体合同中应当包含男女平等和女职工权益保护相关内容，也可以就相关内容制定专章、附件或者单独订立女职工权益保护专项集体合同。

法律

《劳动合同法》（2012年修正，2013年7月1日起施行）

第五十二条 【专项集体合同】企业职工一方与用人单位可以订立劳动安全卫生、女职工权益保护、工资调整机制等专项集体合同。

第四十五条　【男女同工同酬】实行男女同工同酬。妇女在享受福利待遇方面享有与男子平等的权利。

第四十六条　【晋职、晋级等不得歧视妇女】在晋职、晋级、*评聘*专业技术职称和职务、培训等方面，应当坚持男女平等的原则，不得歧视妇女。

第四十七条　【保护妇女工作和劳动时的安全、健康及休息的权利】*用人单位应当*根据妇女的特点，依法保护妇女在工作和劳动时的安全、健康以*及休息的权利*。

妇女在经期、孕期、产期、哺乳期受特殊保护。

法规

《女职工劳动保护特别规定》（2012年4月28日起施行）

第四条　用人单位应当遵守女职工禁忌从事的劳动范围的规定。用人单位应当将本单位属于女职工禁忌从事的劳动范围的岗位书面告知女职工。

女职工禁忌从事的劳动范围由本规定附录列示。国务院安全生产监督管理部门会同国务院人力资源社会保障行政部门、国务院卫生行政部门根据经济社会发展情况，对女职工禁忌从事的劳动范围进行调整。

第五条　用人单位不得因女职工怀孕、生育、哺乳降低其工资、予以辞退、与其解除劳动或者聘用合同。

第六条　女职工在孕期不能适应原劳动的，用人单位应当根据医疗机构的证明，予以减轻劳动量或者安排其他能够适应的劳动。

对怀孕7个月以上的女职工，用人单位不得延长劳动时间或者安排夜班劳动，并应当在劳动时间内安排一定的休息时间。

怀孕女职工在劳动时间内进行产前检查，所需时间计入劳动时间。

第八条　女职工产假期间的生育津贴，对已经参加生育保险的，按照用人单位上年度职工月平均工资的标准由生育保险基金支付；对未参加生育保险的，按照女职工产假前工资的标准由用人单位支付。

女职工生育或者流产的医疗费用，按照生育保险规定的项目和标准，对已经参加生育保险的，由生育保险基金支付；对未参加生育保险的，由用人单位支付。

第九条　对哺乳未满1周岁婴儿的女职工，用人单位不得延长劳动时间或者安排夜班劳动。

用人单位应当在每天的劳动时间内为哺乳期女职工安排1小时哺乳时间；女职工生育多胞胎的，每多哺乳1个婴儿每天增加1小时哺乳时间。

第十条　女职工比较多的用人单位应当根据女职工的需要，建立女职工卫生室、孕妇休息室、哺乳室等设施，妥善解决女职工在生理卫生、哺乳方面的困难。

……

附录：

女职工禁忌从事的劳动范围

一、女职工禁忌从事的劳动范围：

（一）矿山井下作业；

（二）体力劳动强度分级标准中规定的第四级体力劳动强度的作业；

（三）每小时负重6次以上、每次负重超过20公斤的作业，或者间断负重、每次负重超过25公斤的作业。

二、女职工在经期禁忌从事的劳动范围：

（一）冷水作业分级标准中规定的第二级、第三级、第四级冷水作业；

（二）低温作业分级标准中规定的第二级、第三级、第四级低温作业；

（三）体力劳动强度分级标准中规定的第三级、第四级体力劳动强度的作业；

（四）高处作业分级标准中规定的第三级、第四级高处作业。

三、女职工在孕期禁忌从事的劳动范围：

（一）作业场所空气中铅及其化合物、汞及其化合物、苯、镉、铍、砷、氰化物、氮氧化物、一氧化碳、二硫化碳、氯、己内酰胺、氯丁二烯、氯乙烯、环氧乙烷、苯胺、甲醛等有毒物质浓度超过国家职业卫生标准的作业；

（二）从事抗癌药物、己烯雌酚生产，接触麻醉剂气体等的作业；

（三）非密封源放射性物质的操作，核事故与放射事故的应急处置；

（四）高处作业分级标准中规定的高处作业；

（五）冷水作业分级标准中规定的冷水作业；

（六）低温作业分级标准中规定的低温作业；

（七）高温作业分级标准中规定的第三级、第四级的作业；

（八）噪声作业分级标准中规定的第三级、第四级的作业；

（九）体力劳动强度分级标准中规定的第三级、第四级体力劳动强度的作业；

（十）在密闭空间、高压室作业或者潜水作业，伴有强烈振动的作业，或者需要频繁弯腰、攀高、下蹲的作业。

四、女职工在哺乳期禁忌从事的劳动范围：

（一）孕期禁忌从事的劳动范围的第一项、第三项、第九项；

（二）作业场所空气中锰、氟、溴、甲醇、有机磷化合物、有机氯化合物等有毒物质浓度超过国家职业卫生标准的作业。

第四十八条 【用人单位用工中不得侵害女职工法定权益】 用人单位不得因结婚、怀孕、产假、哺乳等情形，降低女职工的工资和福利待遇，限制女职工晋职、晋级、评聘专业技术职称和职务，辞退女职工，单方解除劳动（聘用）合同或者服务协议。

女职工在怀孕以及依法享受产假期间，劳动（聘用）合同或者服务协议期满的，劳动（聘用）合同或者服务协议期限自动延续至产假结束。但是，用人单位依法解除、终止劳动（聘用）合同、服务协议，或者女职工依法要求解除、终止劳动（聘用）合同、服务协议的除外。

用人单位在执行国家退休制度时，不得以性别为由歧视妇女。

法律

《劳动合同法》（2012年修正，2013年7月1日起施行）

第四十二条 【用人单位不得解除劳动合同的情形】劳动者有下列情形之一的，用人单位不得依照本法第四十条、第四十一条的规定解除劳动合同：

（一）从事接触职业病危害作业的劳动者未进行离岗前职业健康检查，或者疑似职业病病人在诊断或者医学观察期间的；

（二）在本单位患职业病或者因工负伤并被确认丧失或者部分丧失劳动能力的；

（三）患病或者非因工负伤，在规定的医疗期内的；

（四）女职工在孕期、产期、哺乳期的；

（五）在本单位连续工作满十五年，且距法定退休年龄不足五年的；

（六）法律、行政法规规定的其他情形。

法规

《女职工劳动保护特别规定》（2012 年 4 月 28 日起施行）

第五条　用人单位不得因女职工怀孕、生育、哺乳降低其工资、予以辞退、与其解除劳动或者聘用合同。

《中国人民解放军文职人员条例》（2022 修订，2023 年 1 月 1 日起施行）

第六十三条　用人单位可以依法辞退文职人员或者单方面解除聘用合同。

有下列情形之一的，用人单位不得辞退文职人员或者单方面解除聘用合同：

……

（三）女性文职人员在孕期、产期、哺乳期内的；

（四）法律、法规规定的其他情形。

第四十九条　【性别歧视行为纳入劳动保障监察】人力资源和社会保障部门应当将招聘、录取、晋职、晋级、评聘专业技术职称和职务、培训、辞退等过程中的性别歧视行为纳入劳动保障监察范围。

法规

《劳动保障监察条例》（2004年12月1日起施行）

第十一条 劳动保障行政部门对下列事项实施劳动保障监察：

（一）用人单位制定内部劳动保障规章制度的情况；

（二）用人单位与劳动者订立劳动合同的情况；

（三）用人单位遵守禁止使用童工规定的情况；

（四）用人单位遵守女职工和未成年工特殊劳动保护规定的情况；

（五）用人单位遵守工作时间和休息休假规定的情况；

（六）用人单位支付劳动者工资和执行最低工资标准的情况；

（七）用人单位参加各项社会保险和缴纳社会保险费的情况；

（八）职业介绍机构、职业技能培训机构和职业技能考核鉴定机构遵守国家有关职业介绍、职业技能培训和职业技能考核鉴定的规定的情况；

（九）法律、法规规定的其他劳动保障监察事项。

第二十三条 用人单位有下列行为之一的，由劳动保障行政部门责令改正，按照受侵害的劳动者每人1000元以上5000元以下的标准计算，处以罚款：

（一）安排女职工从事矿山井下劳动、国家规定的第四级体力劳动强度的劳动或者其他禁忌从事的劳动的；

（二）安排女职工在经期从事高处、低温、冷水作业或者国家规定的第三级体力劳动强度的劳动的；

（三）安排女职工在怀孕期间从事国家规定的第三级体力劳动强度的劳动或者孕期禁忌从事的劳动的；

（四）安排怀孕7个月以上的女职工夜班劳动或者延长其工作

时间的；

（五）女职工生育享受产假少于90天的；

（六）安排女职工在哺乳未满1周岁的婴儿期间从事国家规定的第三级体力劳动强度的劳动或者哺乳期禁忌从事的其他劳动，以及延长其工作时间或者安排其夜班劳动的；

……

第五十条　【妇女权益社会保障】国家发展社会保障事业，保障妇女享有社会保险、社会救助和社会福利等权益。

国家提倡和鼓励为帮助妇女而开展的社会公益活动。

第五十一条　【生育保险制度和职工生育休假制度】国家实行生育保险制度，建立健全婴幼儿托育服务等与生育相关的其他保障制度。

国家建立健全职工生育休假制度，保障孕产期女职工依法享有休息休假权益。

地方各级人民政府和有关部门应当按照国家有关规定，为*符合条件的困难*妇女提供必要的生育救助。

法律

《人口与计划生育法》（2021年修正，2021年8月20日起施行）

第二十五条　符合法律、法规规定生育子女的夫妻，可以获得延长生育假的奖励或者其他福利待遇。

国家支持有条件的地方设立父母育儿假。

第二十六条　妇女怀孕、生育和哺乳期间，按照国家有关规定享受特殊劳动保护并可以获得帮助和补偿。国家保障妇女就业合法权益，为因生育影响就业的妇女提供就业服务。

公民实行计划生育手术，享受国家规定的休假。

法规

《女职工劳动保护特别规定》（2012年4月28日起施行）

第七条 女职工生育享受98天产假，其中产前可以休假15天；难产的，增加产假15天；生育多胞胎的，每多生育1个婴儿，增加产假15天。①

女职工怀孕未满4个月流产的，享受15天产假；怀孕满4个月流产的，享受42天产假。

第五十二条 【加强困难妇女的权益保障】各级人民政府和有关部门应当采取必要措施，加强贫困妇女、老龄妇女、残疾妇女等困难妇女的权益保障，按照有关规定为其提供生活帮扶、就业创业支持等关爱服务。

法律

《残疾人保障法》（2018年修正，2018年10月26日起施行）

第二十一条 国家保障残疾人享有平等接受教育的权利。

---

① 《女职工劳动保护特别规定》关于产假的规定为国家基础规定，各地的地方性法规均根据实际情况，制定了人口与计划生育条例，女职工可依法再享有延长的生育假。如《北京市人口与计划生育条例》第十九条第一款、第二款规定：“按规定生育子女的夫妻，女方除享受国家规定的产假外，享受延长生育假六十日，男方享受陪产假十五日。男女双方休假期间，机关、企业事业单位、社会团体和其他组织不得将其辞退、与其解除劳动或者聘用合同，工资不得降低；法律另有规定的，从其规定。女方经所在机关、企业事业单位、社会团体和其他组织同意，可以再增加假期一至三个月。”

各级人民政府应当将残疾人教育作为国家教育事业的组成部分，统一规划，加强领导，为残疾人接受教育创造条件。

政府、社会、学校应当采取有效措施，解决残疾儿童、少年就学存在的实际困难，帮助其完成义务教育。

……

《乡村振兴促进法》（2021年6月1日起施行）

第五十四条第三款　国家推进城乡最低生活保障制度统筹发展，提高农村特困人员供养等社会救助水平，加强对农村留守儿童、妇女和老年人以及残疾人、困境儿童的关爱服务，支持发展农村普惠型养老服务和互助性养老。

典型案例

最高人民检察院、中华全国妇女联合会《妇女权益保障检察公益诉讼典型案例》之四：上海市松江区人民检察院督促保护残疾妇女平等就业权行政公益诉讼案

【要旨】

针对辖区内企业残疾人招聘涉嫌性别歧视问题，检察机关借助“益心为公”检察云平台志愿者力量，充分发挥公益诉讼检察职能，精准督促相关职能部门及时纠正整改，共同维护残疾妇女的平等就业权。

【基本案情】

2022年5月，上海市松江区的上海某置业公司、上海某园林公司在面向全区残疾人推出的就业招聘中对岗位性别进行了限定，限招男性，然而岗位并不属于国家规定的不适合妇女的工种或者岗位，未充分保障残疾妇女平等就业权，损害了社会公共利益。

【调查和督促履职】

2022 年 5 月，一名“益心为公”检察云平台志愿者向上海市松江区人民检察院（以下简称松江区院）反映，近期本区残疾人线上专场招聘中，部分招聘岗位指向性明显，涉嫌性别歧视。松江区院迅速研判并调查核实，发现该招聘活动系 2022 年松江区国有企业招录残疾人线上专场招聘，旨在帮扶残疾人就业。招聘启事中有企业岗位设定性别限制，岗位信息显示：上海某置业公司招聘招标审价员 1 人，性别男，岗位要求遵守国家法律法规，爱岗敬业，品行端正；具有全日制本科及以上学历，理工类相关或相近专业；具有 5 年以上招标审价工作经验。上海某园林公司招聘绿化修剪工 1 人，性别男，岗位要求是熟悉园艺修剪，能够适当从事体力劳动。松江区院经审查认为，上述岗位并不属于国家规定的不适合妇女的工种或者岗位，却限招男性，侵害残疾妇女平等就业权，损害了社会公共利益。根据《劳动法》《就业促进法》等相关法律规定，松江区人力资源和社会保障局（以下简称区人社局）负有监督管理职责。2022 年 5 月 30 日，松江区院以行政公益诉讼立案并开展调查取证。

2022 年 6 月 8 日，松江区院举行线上公开听证会，邀请区人社局、区国有资产监督管理委员会（以下简称区国资委）、区残疾人联合会（以下简称区残联）、人民监督员、“益心为公”志愿者及用人单位代表共同参与听证，就公益侵害事实、如何保护妇女平等就业权等问题开展探讨并取得共识，一致认为涉案企业积极落实帮扶残疾人群体就业值得肯定，但在招聘岗位并不属于国家规定的不适合妇女的工种或者岗位、仅限招录男性的做法违反了《妇女权益保障法》等法律规定，未充分保障残疾妇女平等就业权。听证会结束后，松江区院依法向区人社局发出行政公益诉讼诉前检察建议，建议其履行保障残疾妇女平等就业权的法定监管职责，并协同有关职能部门进一步规范辖区内企业单位招聘工作，建立健全长效工作机制。同时，松江区院向区国资委、区残疾人就业促进指导中心分别制发《关于进一步规范辖区国有企业招聘工作的提示函》《关于进一步优化辖区残疾人就业指导工作的提示函》，提示规范招聘信息征集、发布流程管理，凝聚多部门工作保护合力。

各行政机关收到检察建议和提示函后高度重视，并积极推动整改。区人社局回函表示，已第一时间约谈涉案企业，责令立即改正违法行为，并就规范辖区内企业单位的招聘工作进行了整体部署；区国资委回函表示，已删除原招聘链接并重新制作后予以发布；区残疾人就业促进指导中心回函表示，已向各街镇残联下发通知，取消性别限制，延长报名时间，同时优化招聘工作流程与机制，截至目前已有残疾女性报名。

收到回函后，松江区院通过线下上门走访、线上调查核实等方式进行跟进监督，确认了相关整改事实，社会公共利益得到维护。同时，为进一步做好溯源治理，松江区院与区妇女联合会建立工作机制，全方位保护残疾妇女合法权益。

【典型意义】

国家高度关注残疾人就业，2022 年全国助残日主题就是“促进残疾人就业，保障残疾人权益”。本案中，检察机关围绕残疾女性的平等就业权开展公益诉讼，依法向主管行政机关发出诉前检察建议，督促及时纠正违法招聘行为、消除就业歧视。既立足残疾人弱势群体保护，也着眼妇女平等就业权保障。同时，坚持以“我管”促“都管”，注重拓展办案效果，分别向相关部门发出工作提示函，督促其进一步优化就业招聘工作机制，形成多元主体协同保护残疾妇女合法权益的治理格局。

第六章 财产权益

第五十三条 【保障妇女平等的财产权利】国家保障妇女享有与男子平等的财产权利。

第五十四条 【不得侵害妇女共同、共有财产权益】在夫妻共同财产、家庭共有财产关系中，不得侵害妇女依法享有的权益。

第五十五条 【妇女平等享有农村集体经济中的各项权益】妇女在农村集体经济组织成员身份确认、土地承包经营、集体经济组织收益分配、土地征收补偿安置或者征用补偿以及宅基地使用等方面，享有与男子平等的权利。

申请农村土地承包经营权、宅基地使用权等不动产登记，应当在不动产登记簿和权属证书上将享有权利的妇女等家庭成员全部列明。征收补偿安置或者征用补偿协议应当将享有相关权益的妇女列入，并记载权益内容。

法律

《农村土地承包法》（2018年修正，2019年1月1日起施行）

第六条 农村土地承包，妇女与男子享有平等的权利。承包中应当保护妇女的合法权益，任何组织和个人不得剥夺、侵害妇女应当享有的土地承包经营权。

第五十六条 【不得侵害妇女在农村集体经济中的各项权益】村民自治章程、村规民约，村民会议、村民代表会议的决定以及其他涉及村民利益事项的决定，不得以妇女未婚、结婚、离婚、丧偶、户无男性等为由，侵害妇女在农村集体经济组织中的各项权益。

因结婚男方到女方住所落户的，男方和子女享有与所在地农村集体经济组织成员平等的权益。

第五十七条　【保护妇女在城镇集体所有财产关系中的权益】国家保护妇女在城镇集体所有财产关系中的权益。妇女依照法律、法规的规定享有相关权益。

第五十八条　【平等的继承权】*妇女享有与男子平等的继承权。*妇女依法行使继承权，不受歧视。

丧偶妇女有权依法处分继承的财产，任何组织和个人不得干涉。

第五十九条　【对公婆尽了赡养义务丧偶儿媳的继承权】丧偶儿媳对公婆尽了主要赡养义务的，作为第一顺序继承人，其继承权不受子女代位继承的影响。

司法解释

《最高人民法院关于适用〈中华人民共和国民法典〉继承编的解释（一）》（2021年1月1日起施行）

第十八条　丧偶儿媳对公婆、丧偶女婿对岳父母，无论其是否再婚，依照民法典第一千一百二十九条规定作为第一顺序继承人时，不影响其子女代位继承。

第七章　婚姻家庭权益

第六十条　【保障妇女平等的婚姻家庭权利】国家保障妇女享有与男子平等的婚姻家庭权利。

法律

《民法典》（2021年1月1日起施行）

第一千零四十一条 婚姻家庭受国家保护。

实行婚姻自由、一夫一妻、男女平等的婚姻制度。

保护妇女、未成年人、老年人、残疾人的合法权益。

第一千零五十五条 夫妻在婚姻家庭中地位平等。

第一千零五十六条 夫妻双方都有各自使用自己姓名的权利。

第一千零五十七条 夫妻双方都有参加生产、工作、学习和社会活动的自由，一方不得对另一方加以限制或者干涉。

第六十一条 【保护妇女的婚姻自主权】国家保护妇女的婚姻自主权。禁止干涉妇女的结婚、离婚自由。

法律

《刑法》（2020年修正，2021年3月1日施行）

第二百五十七条 【暴力干涉婚姻自由罪】以暴力干涉他人婚姻自由的，处二年以下有期徒刑或者拘役。

犯前款罪，致使被害人死亡的，处二年以上七年以下有期徒刑。

第一款罪，告诉的才处理。

《民法典》（2021年1月1日起施行）

第一百一十条 自然人享有生命权、身体权、健康权、姓名权、肖像权、名誉权、荣誉权、隐私权、婚姻自主权等权利。

法人、非法人组织享有名称权、名誉权和荣誉权。

第一千零四十二条 禁止包办、买卖婚姻和其他干涉婚姻自由的行为。禁止借婚姻索取财物。

禁止重婚。禁止有配偶者与他人同居。

禁止家庭暴力。禁止家庭成员间的虐待和遗弃。

第一千零四十六条　结婚应当男女双方完全自愿，禁止任何一方对另一方加以强迫，禁止任何组织或者个人加以干涉。

第一千零五十二条　因胁迫结婚的，受胁迫的一方可以向人民法院请求撤销婚姻。

请求撤销婚姻的，应当自胁迫行为终止之日起一年内提出。

被非法限制人身自由的当事人请求撤销婚姻的，应当自恢复人身自由之日起一年内提出。

第一千零六十九条　子女应当尊重父母的婚姻权利，不得干涉父母离婚、再婚以及婚后的生活。子女对父母的赡养义务，不因父母的婚姻关系变化而终止。

第一千零七十六条　夫妻双方自愿离婚的，应当签订书面离婚协议，并亲自到婚姻登记机关申请离婚登记。

离婚协议应当载明双方自愿离婚的意思表示和对子女抚养、财产以及债务处理等事项协商一致的意见。

第六十二条　【鼓励婚前检查】国家鼓励男女双方在结婚登记前，共同进行医学检查或者相关健康体检。

法律

《母婴保健法》（2017 年修正，2017 年 11 月 5 日起施行）

第十二条　男女双方在结婚登记时，应当持有婚前医学检查证明或者医学鉴定证明。

《民法典》（2021年1月1日起施行）

第一千零五十三条　一方患有重大疾病的，应当在结婚登记前如实告知另一方；不如实告知的，另一方可以向人民法院请求撤销婚姻。

请求撤销婚姻的，应当自知道或者应当知道撤销事由之日起一年内提出。

第六十三条　【婚姻家庭辅导服务】 婚姻登记机关应当提供婚姻家庭辅导服务，引导当事人建立平等、和睦、文明的婚姻家庭关系。

法律

《民法典》（2021年1月1日起施行）

第一千零四十三条　家庭应当树立优良家风，弘扬家庭美德，重视家庭文明建设。

夫妻应当互相忠实，互相尊重，互相关爱；家庭成员应当敬老爱幼，互相帮助，维护平等、和睦、文明的婚姻家庭关系。

《家庭教育促进法》（2022年1月1日起施行）

第三十二条　婚姻登记机构和收养登记机构应当通过现场咨询辅导、播放宣传教育片等形式，向办理婚姻登记、收养登记的当事人宣传家庭教育知识，提供家庭教育指导。

第六十四条　【男方不得提出离婚的情形】 女方在怀孕期间、分娩后一年内或者终止妊娠后六个月内，男方不得提出离婚；但是，女方提出离婚或者人民法院认为确有必要受理男方离婚请求的除外。

第六十五条 【禁止对妇女实施家庭暴力】禁止对妇女实施家庭暴力。

县级以上人民政府有关部门、司法机关、社会团体、企业事业单位、基层群众性自治组织以及其他组织，应当在各自的职责范围内预防和制止家庭暴力，依法为受害妇女提供救助。

法律

《反家庭暴力法》（2016年3月1日起施行）

第四条 县级以上人民政府负责妇女儿童工作的机构，负责组织、协调、指导、督促有关部门做好反家庭暴力工作。

县级以上人民政府有关部门、司法机关、人民团体、社会组织、居民委员会、村民委员会、企业事业单位，应当依照本法和有关法律规定，做好反家庭暴力工作。

各级人民政府应当对反家庭暴力工作给予必要的经费保障。

第十三条 家庭暴力受害人及其法定代理人、近亲属可以向加害人或者受害人所在单位、居民委员会、村民委员会、妇女联合会等单位投诉、反映或者求助。有关单位接到家庭暴力投诉、反映或者求助后，应当给予帮助、处理。

家庭暴力受害人及其法定代理人、近亲属也可以向公安机关报案或者依法向人民法院起诉。

单位、个人发现正在发生的家庭暴力行为，有权及时劝阻。

第十九条 法律援助机构应当依法为家庭暴力受害人提供法律援助。

人民法院应当依法对家庭暴力受害人缓收、减收或者免收诉讼费用。

第二十三条 当事人因遭受家庭暴力或者面临家庭暴力的现实危险，向人民法院申请人身安全保护令的，人民法院应当受理。

当事人是无民事行为能力人、限制民事行为能力人，或者因受到强制、威吓等原因无法申请人身安全保护令的，其近亲属、公安机关、妇女联合会、居民委员会、村民委员会、救助管理机构可以代为申请。

典型案例

最高人民法院发布反家庭暴力法实施一周年十大典型案例（2017 年 3 月 8 日）之十：刘某申请人身安全保护令案

【基本案情】

申请人刘某（女）与被申请人李某自 2011 年 11 月开始同居生活，共同居住在以刘某名义申请的廉租房内，双方未办理结婚登记。同居生活期间，李某经常对刘某实施殴打、威胁、跟踪、骚扰行为，并以刘某家属生命安全相威胁。为此，刘某多次向派出所、妇联等相关部门反映情况、寻求保护，相关部门多次组织双方调解并对李某进行批评教育，但李某仍未改变。2016 年，刘某认为李某与其他女子有不正当男女关系，劝解李某回心转意，李某以此为由对刘某发脾气，数次酒后殴打刘某，并扬言提刀砍死刘某。同年 4 月，李某再次以刘某怀疑其有外遇一事，对刘某进行殴打，并持菜刀砍伤刘某。2016 年 9 月 12 日，刘某向重庆市城口县人民法院申请人身安全保护令。

【裁判结果】

重庆市城口县人民法院经审查后，依法作出裁定：禁止李某实施家庭暴力；禁止李某骚扰、跟踪、接触刘某及其近亲属；责令李某迁出刘某的住所。裁定作出后，李某未申请复议。

【典型意义】

本案是一起同居者申请人身安全保护令的案件。反家庭暴力法调整的不仅仅是家庭成员之间的暴力行为，还包括不属于家庭成员关系、但基于特殊的亲密关系或因法律规定而产生类似家庭成员之间的权利义务关系的人，比如同居关系当事人。《反家庭暴力法》第三十七条规定："家庭成员以外共同生活的人之间实施的暴力行为，参照本法规定执行。"因此，同居者遭受家庭暴力或者面临家庭暴力现实危险的，人民法院也可依当事人申请作出人身安全保护令。

第六十六条　【妇女平等享有占有、使用、收益和处分夫妻共同财产的权利】 妇女对夫妻共同财产享有与其配偶平等的占有、使用、收益和处分的权利，不受双方收入状况等情形的影响。

对夫妻共同所有的不动产以及可以联名登记的动产，女方有权要求在权属证书上记载其姓名；认为记载的权利人、标的物、权利比例等事项有错误的，有权依法申请更正登记或者异议登记，有关机构应当按照其申请依法办理相应登记手续。

法律

《民法典》（2021年1月1日起施行）

第一千零六十二条　夫妻在婚姻关系存续期间所得的下列财产，为夫妻的共同财产，归夫妻共同所有：

（一）工资、奖金、劳务报酬；

（二）生产、经营、投资的收益；

（三）知识产权的收益；

（四）继承或者受赠的财产，但是本法第一千零六十三条第三项规定的除外；

（五）其他应当归共同所有的财产。

夫妻对共同财产，有平等的处理权。

第六十七条 【离婚诉讼期间夫妻双方申报全部夫妻共同财产的义务】 离婚诉讼期间，夫妻一方申请查询登记在对方名下财产状况且确因客观原因不能自行收集的，人民法院应当进行调查取证，有关部门和单位应当予以协助。

离婚诉讼期间，夫妻双方均有向人民法院申报全部夫妻共同财产的义务。一方隐藏、转移、变卖、损毁、挥霍夫妻共同财产，或者伪造夫妻共同债务企图侵占另一方财产的，在离婚分割夫妻共同财产时，对该方可以少分或者不分财产。

法律

《民法典》（2021年1月1日起施行）

第一千零九十二条 夫妻一方隐藏、转移、变卖、毁损、挥霍夫妻共同财产，或者伪造夫妻共同债务企图侵占另一方财产的，在离婚分割夫妻共同财产时，对该方可以少分或者不分。离婚后，另一方发现有上述行为的，可以向人民法院提起诉讼，请求再次分割夫妻共同财产。

第六十八条 【夫妻双方共同负担家庭义务】 夫妻双方应当共同负担家庭义务，共同照顾家庭生活。

女方因抚育子女、照料老人、协助男方工作等负担较多义务的，有权在离婚时要求男方予以补偿。补偿办法由双方协议确定；协议不成的，可以向人民法院提起诉讼。

法律

《民法典》（2021年1月1日起施行）

第一千零八十八条　夫妻一方因抚育子女、照料老年人、协助另一方工作等负担较多义务的，离婚时有权向另一方请求补偿，另一方应当给予补偿。具体办法由双方协议；协议不成的，由人民法院判决。

第一千零九十条　离婚时，如果一方生活困难，有负担能力的另一方应当给予适当帮助。具体办法由双方协议；协议不成的，由人民法院判决。

第一千零九十一条　有下列情形之一，导致离婚的，无过错方有权请求损害赔偿：

（一）重婚；

（二）与他人同居；

（三）实施家庭暴力；

（四）虐待、遗弃家庭成员；

（五）有其他重大过错。

第六十九条　【夫妻共有房屋的离婚分割】离婚时，分割夫妻共有的房屋或者处理夫妻共同租住的房屋，由双方协议解决；协议不成的，可以向人民法院提起诉讼。

第七十条　【母亲的监护权不受干涉】父母双方对未成年子女

享有平等的监护权。

父亲死亡、*无监护能力*或者有其他情形不能担任未成年子女的监护人的，母亲的监护权任何*组织和个人*不得干涉。

法律

《民法典》（2021年1月1日起施行）

第一千零八十六条　离婚后，不直接抚养子女的父或者母，有探望子女的权利，另一方有协助的义务。

行使探望权利的方式、时间由当事人协议；协议不成的，由人民法院判决。

父或者母探望子女，不利于子女身心健康的，由人民法院依法中止探望；中止的事由消失后，应当恢复探望。

第七十一条　【丧失生育能力妇女对子女的优先抚养权】女方*丧失生育能力*的，在离婚处理子女抚养问题时，应当在最有利于未成年子女的条件下，*优先考虑女方的抚养要求*。

法律

《民法典》（2021年1月1日起施行）

第一千零五十八条　夫妻双方平等享有对未成年子女抚养、教育和保护的权利，共同承担对未成年子女抚养、教育和保护的义务。

司法解释

《最高人民法院关于适用〈中华人民共和国民法典〉婚姻家庭编的解释（一）》（2021年1月1日起施行）

第四十六条　对已满两周岁的未成年子女，父母均要求直接抚养，一方有下列情形之一的，可予优先考虑：

（一）已做绝育手术或者因其他原因丧失生育能力；

（二）子女随其生活时间较长，改变生活环境对子女健康成长明显不利；

（三）无其他子女，而另一方有其他子女；

（四）子女随其生活，对子女成长有利，而另一方患有久治不愈的传染性疾病或者其他严重疾病，或者有其他不利于子女身心健康的情形，不宜与子女共同生活。

第八章　救济措施

第七十二条　【常规救济途径】对侵害妇女合法权益的行为，任何组织和个人都有权予以劝阻、制止或者向有关部门提出控告或者检举。有关部门接到控告或者检举后，应当依法及时处理，并为控告人、检举人保密。

妇女的合法权益受到侵害的，有权要求有关部门依法处理，或者依法申请调解、仲裁，或者向人民法院起诉。

对符合条件的妇女，当地法律援助机构或者司法机关应当给予帮助，依法为其提供法律援助或者司法救助。

第七十三条　【妇联的支持与帮助】妇女的合法权益受到侵害的，可以向妇女联合会等妇女组织求助。妇女联合会等妇女组织应当维护被侵害妇女的合法权益，有权要求并协助有关部门或者单位查处。有关部门或者单位应当依法查处，并予以答复；不予处理或者处理不当的，县级以上人民政府负责妇女儿童工作的机构、妇女联合会可以向其提出督促处理意见，必要时可以提请同级人民政府开展督查。

受害妇女进行诉讼需要帮助的，妇女联合会应当给予支持和帮助。

第七十四条 【对用人单位侵害妇女权益的联合约谈机制】 用人单位侵害妇女劳动和社会保障权益的，人力资源和社会保障部门可以联合工会、妇女联合会约谈用人单位，依法进行监督并要求其限期纠正。

法律

《劳动合同法》（2012 年修正，2013 年 7 月 1 日起施行）

第七十八条 【工会监督检查的权利】工会依法维护劳动者的合法权益，对用人单位履行劳动合同、集体合同的情况进行监督。用人单位违反劳动法律、法规和劳动合同、集体合同的，工会有权提出意见或者要求纠正；劳动者申请仲裁、提起诉讼的，工会依法给予支持和帮助。

第七十五条 【妇女在农村集体经济组织中权益的保护】 妇女在农村集体经济组织成员身份确认等方面权益受到侵害的，可以申请乡镇人民政府等进行协调，或者向人民法院起诉。

乡镇人民政府应当对村民自治章程、村规民约，村民会议、村民代表会议的决定以及其他涉及村民利益事项的决定进行指导，对其中违反法律、法规和国家政策规定，侵害妇女合法权益的内容责令改正；受侵害妇女向农村土地承包仲裁机构申请仲裁或者向人民法院起诉的，农村土地承包仲裁机构或者人民法院应当依法受理。

典型案例

最高人民检察院会同全国妇联联合发布妇女权益保障检察公益诉讼典型案例（2022年11月25日）之新疆维吾尔自治区博尔塔拉蒙古自治州人民检察院督促保护农村妇女土地承包经营权行政公益诉讼案

【要旨】

针对基层政府违法收回“外嫁女”土地、侵害农村妇女土地承包经营权的情形，检察机关通过公开听证、检察建议等方式，督促基层政府及相关业务主管部门履行主体责任，通过个案办理推动类案监督，切实解决辖区内类似侵犯妇女合法权益问题。

【基本案情】

新疆维吾尔自治区博尔塔拉蒙古自治州（以下简称博州）温泉县甲镇某村村民周某兰、周某红分别于1987年2月、1989年1月外嫁至博州博乐市乙镇，并将户口随迁至该镇。户籍迁出后，甲镇人民政府遂将二人享有的土地承包经营权收回（每人7.2亩，共计14.4亩），而乙镇人民政府未向周某兰、周某红分配相应土地。二人为此多次向甲镇、乙镇、温泉县农业农村部门反映归还土地承包经营权事宜，一直未得到有效解决。

【典型意义】

《妇女权益保障法》《农村土地承包法》明确规定，妇女依法平等享有承包土地的各项权益，任何村（居）民自治条例、决议等地方性政策规定，都应当依法制定，不得违法剥夺妇女合法权益。本案中，周某兰、周某红等“外嫁女”在未获得嫁入地分配土地之前，原户籍地基层政府收回土地承包经营权的行为，侵害了妇女的合法权益。检察机关依法能动履职，以公开听证、检察建议、沟通协商等方式督促地方政府及相关部门依法履职，对涉及的地方政府规范性文件予以废止，并推动了区域内同类问题的综合治理，起到了“办理一案、治理一片”的效果，有效维护了农村妇女合法权益。

第七十六条 【妇女权益保护服务热线】县级以上人民政府应当开通全国统一的妇女权益保护服务热线，及时受理、移送有关侵害妇女合法权益的投诉、举报；有关部门或者单位接到投诉、举报后，应当及时予以处置。

鼓励和支持群团组织、企业事业单位、社会组织和个人参与建设妇女权益保护服务热线，提供妇女权益保护方面的咨询、帮助。

第七十七条 【检察机关检察建议和提起公益诉讼】侵害妇女合法权益，导致社会公共利益受损的，检察机关可以发出检察建议；有下列情形之一的，检察机关可以依法提起公益诉讼：

（一）确认农村妇女集体经济组织成员身份时侵害妇女权益或者侵害妇女享有的农村土地承包和集体收益、土地征收征用补偿分配权益和宅基地使用权益；

（二）侵害妇女平等就业权益；

（三）相关单位未采取合理措施预防和制止性骚扰；

（四）通过大众传播媒介或者其他方式贬低损害妇女人格；

（五）其他严重侵害妇女权益的情形。

第七十八条 【有关单位支持受侵害的妇女起诉】国家机关、社会团体、企业事业单位对侵害妇女权益的行为，可以支持受侵害的妇女向人民法院起诉。

第九章　法律责任

第七十九条　【发现妇女被拐卖、绑架未履行报告义务的责任】违反本法第二十二条第二款规定，未履行报告义务的，依法对直接负责的主管人员和其他直接责任人员给予处分。

第八十条　【学校、用人单位未采取措施预防和制止对妇女实施性骚扰的责任】违反本法规定，对妇女实施性骚扰的，由公安机关给予批评教育或者出具告诫书，并由所在单位依法给予处分。

学校、用人单位违反本法规定，未采取必要措施预防和制止性骚扰，造成妇女权益受到侵害或者社会影响恶劣的，由上级机关或者主管部门责令改正；拒不改正或者情节严重的，依法对直接负责的主管人员和其他直接责任人员给予处分。

第八十一条　【住宿经营者发现侵害妇女权益违法犯罪未履行报告等义务的责任】违反本法第二十六条规定，未履行报告等义务的，依法给予警告、责令停业整顿或者吊销营业执照、吊销相关许可证，并处一万元以上五万元以下罚款。

第八十二条　【通过大众传播媒介等方式贬低损害妇女人格的责任】违反本法规定，通过大众传播媒介或者其他方式贬低损害妇女人格的，由*公安、网信、文化旅游、广播电视、*新闻出版或者其他有关部门依据各自的职权责令改正，并依法给予行政处罚。

第八十三条　【用人单位就业性别歧视和侵害女职工法定权益的责任】用人单位违反本法第四十三条和第四十八条规定的，由人力资源和社会保障部门责令改正；拒不改正或者情节严重的，处一万元以上五万元以下罚款。

第八十四条　【不作为、打击报复等消极行为的主管人员和其

他直接责任人责任】违反本法规定，对侵害妇女权益的申诉、控告、检举，推诿、拖延、压制不予查处，或者对提出申诉、控告、检举的人进行打击报复的，依法责令改正，并对直接负责的主管人员和其他直接责任人员给予处分。

国家机关及其工作人员未依法履行职责，对侵害妇女权益的行为未及时制止或者未给予受害妇女必要帮助，造成严重后果的，依法对直接负责的主管人员和其他直接责任人员给予处分。

违反本法规定，侵害妇女人身和人格权益、文化教育权益、劳动和社会保障权益、财产权益以及婚姻家庭权益的，*依法责令改正，直接负责的主管人员和其他直接责任人员属于国家工作人员的，依法给予处分。*

第八十五条　【侵害妇女合法权益的其他法律责任】违反本法规定，侵害妇女的合法权益，其他法律、法规规定行政处罚的，从其规定；造成财产损失或者人身损害的，依法承担民事责任；构成犯罪的，依法追究刑事责任。

第十章　附　　则

第八十六条　【施行日期】本法自*2023年1月1日*起施行。

第三部分　相关文件

一、重要法律、司法解释及相关文件（司法解释性质文件、部门规范性文件等）

中华人民共和国反家庭暴力法

（2015年12月27日第十二届全国人民代表大会常务委员会第十八次会议通过　2015年12月27日中华人民共和国主席令第37号公布　自2016年3月1日起施行）

目　　录

第一章　总　　则

第一条　为了预防和制止家庭暴力，保护家庭成员的合法权益，维护平等、和睦、文明的家庭关系，促进家庭和谐、社会稳定，制定本法。

第二条 本法所称家庭暴力，是指家庭成员之间以殴打、捆绑、残害、限制人身自由以及经常性谩骂、恐吓等方式实施的身体、精神等侵害行为。

第三条 家庭成员之间应当互相帮助，互相关爱，和睦相处，履行家庭义务。

反家庭暴力是国家、社会和每个家庭的共同责任。

国家禁止任何形式的家庭暴力。

第四条 县级以上人民政府负责妇女儿童工作的机构，负责组织、协调、指导、督促有关部门做好反家庭暴力工作。

县级以上人民政府有关部门、司法机关、人民团体、社会组织、居民委员会、村民委员会、企业事业单位，应当依照本法和有关法律规定，做好反家庭暴力工作。

各级人民政府应当对反家庭暴力工作给予必要的经费保障。

第五条 反家庭暴力工作遵循预防为主，教育、矫治与惩处相结合原则。

反家庭暴力工作应当尊重受害人真实意愿，保护当事人隐私。

未成年人、老年人、残疾人、孕期和哺乳期的妇女、重病患者遭受家庭暴力的，应当给予特殊保护。

第二章 家庭暴力的预防

第六条 国家开展家庭美德宣传教育，普及反家庭暴力知识，增强公民反家庭暴力意识。

工会、共产主义青年团、妇女联合会、残疾人联合会应当在各自工作范围内，组织开展家庭美德和反家庭暴力宣传教育。

广播、电视、报刊、网络等应当开展家庭美德和反家庭暴力宣传。

学校、幼儿园应当开展家庭美德和反家庭暴力教育。

第七条　县级以上人民政府有关部门、司法机关、妇女联合会应当将预防和制止家庭暴力纳入业务培训和统计工作。

医疗机构应当做好家庭暴力受害人的诊疗记录。

第八条　乡镇人民政府、街道办事处应当组织开展家庭暴力预防工作，居民委员会、村民委员会、社会工作服务机构应当予以配合协助。

第九条　各级人民政府应当支持社会工作服务机构等社会组织开展心理健康咨询、家庭关系指导、家庭暴力预防知识教育等服务。

第十条　人民调解组织应当依法调解家庭纠纷，预防和减少家庭暴力的发生。

第十一条　用人单位发现本单位人员有家庭暴力情况的，应当给予批评教育，并做好家庭矛盾的调解、化解工作。

第十二条　未成年人的监护人应当以文明的方式进行家庭教育，依法履行监护和教育职责，不得实施家庭暴力。

第三章　家庭暴力的处置

第十三条　家庭暴力受害人及其法定代理人、近亲属可以向加害人或者受害人所在单位、居民委员会、村民委员会、妇女联合会等单位投诉、反映或者求助。有关单位接到家庭暴力投诉、反映或者求助后，应当给予帮助、处理。

家庭暴力受害人及其法定代理人、近亲属也可以向公安机关报案或者依法向人民法院起诉。

单位、个人发现正在发生的家庭暴力行为，有权及时劝阻。

第十四条　学校、幼儿园、医疗机构、居民委员会、村民委员会、社会工作服务机构、救助管理机构、福利机构及其工作人员在工作中发现无民事行为能力人、限制民事行为能力人遭受或者疑似遭受家庭暴力的，应当及时向公安机关报案。公安机关应当对报案人的信息予以保密。

第十五条　公安机关接到家庭暴力报案后应当及时出警，制止家庭暴力，按照有关规定调查取证，协助受害人就医、鉴定伤情。

无民事行为能力人、限制民事行为能力人因家庭暴力身体受到严重伤害、面临人身安全威胁或者处于无人照料等危险状态的，公安机关应当通知并协助民政部门将其安置到临时庇护场所、救助管理机构或者福利机构。

第十六条　家庭暴力情节较轻，依法不给予治安管理处罚的，由公安机关对加害人给予批评教育或者出具告诫书。

告诫书应当包括加害人的身份信息、家庭暴力的事实陈述、禁止加害人实施家庭暴力等内容。

第十七条　公安机关应当将告诫书送交加害人、受害人，并通知居民委员会、村民委员会。

居民委员会、村民委员会、公安派出所应当对收到告诫书的加害人、受害人进行查访，监督加害人不再实施家庭暴力。

第十八条　县级或者设区的市级人民政府可以单独或者依托救助管理机构设立临时庇护场所，为家庭暴力受害人提供临时生活帮助。

第十九条　法律援助机构应当依法为家庭暴力受害人提供法律援助。

人民法院应当依法对家庭暴力受害人缓收、减收或者免收诉讼费用。

第二十条　人民法院审理涉及家庭暴力的案件，可以根据公安机关出警记录、告诫书、伤情鉴定意见等证据，认定家庭暴力事实。

第二十一条　监护人实施家庭暴力严重侵害被监护人合法权益的，人民法院可以根据被监护人的近亲属、居民委员会、村民委员会、县级人民政府民政部门等有关人员或者单位的申请，依法撤销其监护人资格，另行指定监护人。

被撤销监护人资格的加害人，应当继续负担相应的赡养、扶养、抚养费用。

第二十二条　工会、共产主义青年团、妇女联合会、残疾人联合会、居民委员会、村民委员会等应当对实施家庭暴力的加害人进行法治教育，必要时可以对加害人、受害人进行心理辅导。

第四章　人身安全保护令

第二十三条　当事人因遭受家庭暴力或者面临家庭暴力的现实危险，向人民法院申请人身安全保护令的，人民法院应当受理。

当事人是无民事行为能力人、限制民事行为能力人，或者因受到强制、威吓等原因无法申请人身安全保护令的，其近亲属、公安机关、妇女联合会、居民委员会、村民委员会、救助管理机构可以代为申请。

第二十四条　申请人身安全保护令应当以书面方式提出；书面

申请确有困难的，可以口头申请，由人民法院记入笔录。

第二十五条　人身安全保护令案件由申请人或者被申请人居住地、家庭暴力发生地的基层人民法院管辖。

第二十六条　人身安全保护令由人民法院以裁定形式作出。

第二十七条　作出人身安全保护令，应当具备下列条件：

（一）有明确的被申请人；

（二）有具体的请求；

（三）有遭受家庭暴力或者面临家庭暴力现实危险的情形。

第二十八条　人民法院受理申请后，应当在七十二小时内作出人身安全保护令或者驳回申请；情况紧急的，应当在二十四小时内作出。

第二十九条　人身安全保护令可以包括下列措施：

（一）禁止被申请人实施家庭暴力；

（二）禁止被申请人骚扰、跟踪、接触申请人及其相关近亲属；

（三）责令被申请人迁出申请人住所；

（四）保护申请人人身安全的其他措施。

第三十条　人身安全保护令的有效期不超过六个月，自作出之日起生效。人身安全保护令失效前，人民法院可以根据申请人的申请撤销、变更或者延长。

第三十一条　申请人对驳回申请不服或者被申请人对人身安全保护令不服的，可以自裁定生效之日起五日内向作出裁定的人民法院申请复议一次。人民法院依法作出人身安全保护令的，复议期间不停止人身安全保护令的执行。

第三十二条　人民法院作出人身安全保护令后，应当送达申请人、被申请人、公安机关以及居民委员会、村民委员会等有关组织。人身安全保护令由人民法院执行，公安机关以及居民委员会、村民委员会等应当协助执行。

第五章 法律责任

第三十三条 加害人实施家庭暴力，构成违反治安管理行为的，依法给予治安管理处罚；构成犯罪的，依法追究刑事责任。

第三十四条 被申请人违反人身安全保护令，构成犯罪的，依法追究刑事责任；尚不构成犯罪的，人民法院应当给予训诫，可以根据情节轻重处以一千元以下罚款、十五日以下拘留。

第三十五条 学校、幼儿园、医疗机构、居民委员会、村民委员会、社会工作服务机构、救助管理机构、福利机构及其工作人员未依照本法第十四条规定向公安机关报案，造成严重后果的，由上级主管部门或者本单位对直接负责的主管人员和其他直接责任人员依法给予处分。

第三十六条 负有反家庭暴力职责的国家工作人员玩忽职守、滥用职权、徇私舞弊的，依法给予处分；构成犯罪的，依法追究刑事责任。

第六章 附 则

第三十七条 家庭成员以外共同生活的人之间实施的暴力行为，参照本法规定执行。

第三十八条 本法自 2016 年 3 月 1 日起施行。

中华人民共和国人口与计划生育法

（2001年12月29日第九届全国人民代表大会常务委员会第二十五次会议通过　根据2015年12月27日第十二届全国人民代表大会常务委员会第十八次会议《关于修改〈中华人民共和国人口与计划生育法〉的决定》第一次修正　根据2021年8月20日第十三届全国人民代表大会常务委员会第三十次会议《关于修改〈中华人民共和国人口与计划生育法〉的决定》第二次修正）

目　录

第一章　总　　则

第一条　为了实现人口与经济、社会、资源、环境的协调发展，推行计划生育，维护公民的合法权益，促进家庭幸福、民族繁荣与社会进步，根据宪法，制定本法。

第二条　我国是人口众多的国家，实行计划生育是国家的基本国策。

国家采取综合措施，调控人口数量，提高人口素质，推动实现适度生育水平，优化人口结构，促进人口长期均衡发展。

国家依靠宣传教育、科学技术进步、综合服务、建立健全奖励和社会保障制度，开展人口与计划生育工作。

第三条 开展人口与计划生育工作，应当与增加妇女受教育和就业机会、增进妇女健康、提高妇女地位相结合。

第四条 各级人民政府及其工作人员在推行计划生育工作中应当严格依法行政，文明执法，不得侵犯公民的合法权益。

卫生健康主管部门及其工作人员依法执行公务受法律保护。

第五条 国务院领导全国的人口与计划生育工作。

地方各级人民政府领导本行政区域内的人口与计划生育工作。

第六条 国务院卫生健康主管部门负责全国计划生育工作和与计划生育有关的人口工作。

县级以上地方各级人民政府卫生健康主管部门负责本行政区域内的计划生育工作和与计划生育有关的人口工作。

县级以上各级人民政府其他有关部门在各自的职责范围内，负责有关的人口与计划生育工作。

第七条 工会、共产主义青年团、妇女联合会及计划生育协会等社会团体、企业事业组织和公民应当协助人民政府开展人口与计划生育工作。

第八条 国家对在人口与计划生育工作中作出显著成绩的组织和个人，给予奖励。

第二章　人口发展规划的制定与实施

第九条　国务院编制人口发展规划，并将其纳入国民经济和社会发展计划。

县级以上地方各级人民政府根据全国人口发展规划以及上一级人民政府人口发展规划，结合当地实际情况编制本行政区域的人口发展规划，并将其纳入国民经济和社会发展计划。

第十条　县级以上各级人民政府根据人口发展规划，制定人口与计划生育实施方案并组织实施。

县级以上各级人民政府卫生健康主管部门负责实施人口与计划生育实施方案的日常工作。

乡、民族乡、镇的人民政府和城市街道办事处负责本管辖区域内的人口与计划生育工作，贯彻落实人口与计划生育实施方案。

第十一条　人口与计划生育实施方案应当规定调控人口数量，提高人口素质，推动实现适度生育水平，优化人口结构，加强母婴保健和婴幼儿照护服务，促进家庭发展的措施。

第十二条　村民委员会、居民委员会应当依法做好计划生育工作。

机关、部队、社会团体、企业事业组织应当做好本单位的计划生育工作。

第十三条　卫生健康、教育、科技、文化、民政、新闻出版、广播电视等部门应当组织开展人口与计划生育宣传教育。

大众传媒负有开展人口与计划生育的社会公益性宣传的义务。

学校应当在学生中，以符合受教育者特征的适当方式，有计划地开展生理卫生教育、青春期教育或者性健康教育。

第十四条 流动人口的计划生育工作由其户籍所在地和现居住地的人民政府共同负责管理，以现居住地为主。

第十五条 国家根据国民经济和社会发展状况逐步提高人口与计划生育经费投入的总体水平。各级人民政府应当保障人口与计划生育工作必要的经费。

各级人民政府应当对欠发达地区、少数民族地区开展人口与计划生育工作给予重点扶持。

国家鼓励社会团体、企业事业组织和个人为人口与计划生育工作提供捐助。

任何单位和个人不得截留、克扣、挪用人口与计划生育工作费用。

第十六条 国家鼓励开展人口与计划生育领域的科学研究和对外交流与合作。

第三章 生育调节

第十七条 公民有生育的权利，也有依法实行计划生育的义务，夫妻双方在实行计划生育中负有共同的责任。

第十八条 国家提倡适龄婚育、优生优育。一对夫妻可以生育三个子女。

符合法律、法规规定条件的，可以要求安排再生育子女。具体办法由省、自治区、直辖市人民代表大会或者其常务委员会规定。

少数民族也要实行计划生育，具体办法由省、自治区、直辖市人民代表大会或者其常务委员会规定。

夫妻双方户籍所在地的省、自治区、直辖市之间关于再生育子女的规定不一致的，按照有利于当事人的原则适用。

第十九条　国家创造条件，保障公民知情选择安全、有效、适宜的避孕节育措施。实施避孕节育手术，应当保证受术者的安全。

第二十条　育龄夫妻自主选择计划生育避孕节育措施，预防和减少非意愿妊娠。

第二十一条　实行计划生育的育龄夫妻免费享受国家规定的基本项目的计划生育技术服务。

前款规定所需经费，按照国家有关规定列入财政预算或者由社会保险予以保障。

第二十二条　禁止歧视、虐待生育女婴的妇女和不育的妇女。

禁止歧视、虐待、遗弃女婴。

第四章　奖励与社会保障

第二十三条　国家对实行计划生育的夫妻，按照规定给予奖励。

第二十四条　国家建立、健全基本养老保险、基本医疗保险、生育保险和社会福利等社会保障制度，促进计划生育。

国家鼓励保险公司举办有利于计划生育的保险项目。

第二十五条　符合法律、法规规定生育子女的夫妻，可以获得延长生育假的奖励或者其他福利待遇。

国家支持有条件的地方设立父母育儿假。

第二十六条　妇女怀孕、生育和哺乳期间，按照国家有关规定享受特殊劳动保护并可以获得帮助和补偿。国家保障妇女就业合法权益，为因生育影响就业的妇女提供就业服务。

公民实行计划生育手术，享受国家规定的休假。

第二十七条　国家采取财政、税收、保险、教育、住房、就业等支持措施，减轻家庭生育、养育、教育负担。

第二十八条 县级以上各级人民政府综合采取规划、土地、住房、财政、金融、人才等措施，推动建立普惠托育服务体系，提高婴幼儿家庭获得服务的可及性和公平性。

国家鼓励和引导社会力量兴办托育机构，支持幼儿园和机关、企业事业单位、社区提供托育服务。

托育机构的设置和服务应当符合托育服务相关标准和规范。托育机构应当向县级人民政府卫生健康主管部门备案。

第二十九条 县级以上地方各级人民政府应当在城乡社区建设改造中，建设与常住人口规模相适应的婴幼儿活动场所及配套服务设施。

公共场所和女职工比较多的用人单位应当配置母婴设施，为婴幼儿照护、哺乳提供便利条件。

第三十条 县级以上各级人民政府应当加强对家庭婴幼儿照护的支持和指导，增强家庭的科学育儿能力。

医疗卫生机构应当按照规定为婴幼儿家庭开展预防接种、疾病防控等服务，提供膳食营养、生长发育等健康指导。

第三十一条 在国家提倡一对夫妻生育一个子女期间，自愿终身只生育一个子女的夫妻，国家发给《独生子女父母光荣证》。

获得《独生子女父母光荣证》的夫妻，按照国家和省、自治区、直辖市有关规定享受独生子女父母奖励。

法律、法规或者规章规定给予获得《独生子女父母光荣证》的夫妻奖励的措施中由其所在单位落实的，有关单位应当执行。

在国家提倡一对夫妻生育一个子女期间，按照规定应当享受计划生育家庭老年人奖励扶助的，继续享受相关奖励扶助，并在老年人福利、养老服务等方面给予必要的优先和照顾。

第三十二条 获得《独生子女父母光荣证》的夫妻，独生子女发生意外伤残、死亡的，按照规定获得扶助。县级以上各级人民政府建立、健全对上述人群的生活、养老、医疗、精神慰藉等全方位帮扶保障制度。

第三十三条 地方各级人民政府对农村实行计划生育的家庭发展经济，给予资金、技术、培训等方面的支持、优惠；对实行计划生育的贫困家庭，在扶贫贷款、以工代赈、扶贫项目和社会救济等方面给予优先照顾。

第三十四条 本章规定的奖励和社会保障措施，省、自治区、直辖市和设区的市、自治州的人民代表大会及其常务委员会或者人民政府可以依据本法和有关法律、行政法规的规定，结合当地实际情况，制定具体实施办法。

第五章 计划生育服务

第三十五条 国家建立婚前保健、孕产期保健制度，防止或者减少出生缺陷，提高出生婴儿健康水平。

第三十六条 各级人民政府应当采取措施，保障公民享有计划生育服务，提高公民的生殖健康水平。

第三十七条 医疗卫生机构应当针对育龄人群开展优生优育知识宣传教育，对育龄妇女开展围孕期、孕产期保健服务，承担计划生育、优生优育、生殖保健的咨询、指导和技术服务，规范开展不孕不育症诊疗。

第三十八条 计划生育技术服务人员应当指导实行计划生育的公民选择安全、有效、适宜的避孕措施。

国家鼓励计划生育新技术、新药具的研究、应用和推广。

第三十九条 严禁利用超声技术和其他技术手段进行非医学需要的胎儿性别鉴定；严禁非医学需要的选择性别的人工终止妊娠。

第六章 法律责任

第四十条 违反本法规定，有下列行为之一的，由卫生健康主管部门责令改正，给予警告，没收违法所得；违法所得一万元以上的，处违法所得二倍以上六倍以下的罚款；没有违法所得或者违法所得不足一万元的，处一万元以上三万元以下的罚款；情节严重的，由原发证机关吊销执业证书；构成犯罪的，依法追究刑事责任：

（一）非法为他人施行计划生育手术的；

（二）利用超声技术和其他技术手段为他人进行非医学需要的胎儿性别鉴定或者选择性别的人工终止妊娠的。

第四十一条 托育机构违反托育服务相关标准和规范的，由卫生健康主管部门责令改正，给予警告；拒不改正的，处五千元以上五万元以下的罚款；情节严重的，责令停止托育服务，并处五万元以上十万元以下的罚款。

托育机构有虐待婴幼儿行为的，其直接负责的主管人员和其他直接责任人员终身不得从事婴幼儿照护服务；构成犯罪的，依法追究刑事责任。

第四十二条 计划生育技术服务人员违章操作或者延误抢救、诊治，造成严重后果的，依照有关法律、行政法规的规定承担相应的法律责任。

第四十三条 国家机关工作人员在计划生育工作中，有下列行为之一，构成犯罪的，依法追究刑事责任；尚不构成犯罪的，依法给予处分；有违法所得的，没收违法所得：

（一）侵犯公民人身权、财产权和其他合法权益的；

（二）滥用职权、玩忽职守、徇私舞弊的；

（三）索取、收受贿赂的；

（四）截留、克扣、挪用、贪污计划生育经费的；

（五）虚报、瞒报、伪造、篡改或者拒报人口与计划生育统计数据的。

第四十四条　违反本法规定，不履行协助计划生育管理义务的，由有关地方人民政府责令改正，并给予通报批评；对直接负责的主管人员和其他直接责任人员依法给予处分。

第四十五条　拒绝、阻碍卫生健康主管部门及其工作人员依法执行公务的，由卫生健康主管部门给予批评教育并予以制止；构成违反治安管理行为的，依法给予治安管理处罚；构成犯罪的，依法追究刑事责任。

第四十六条　公民、法人或者其他组织认为行政机关在实施计划生育管理过程中侵犯其合法权益，可以依法申请行政复议或者提起行政诉讼。

第七章　附　　则

第四十七条　中国人民解放军和中国人民武装警察部队执行本法的具体办法，由中央军事委员会依据本法制定。

第四十八条　本法自2002年9月1日起施行。

女职工劳动保护特别规定

（2012年4月18日国务院第200次常务会议通过
2012年4月28日中华人民共和国国务院令第619号公布
自公布之日起施行）

第一条 为了减少和解决女职工在劳动中因生理特点造成的特殊困难，保护女职工健康，制定本规定。

第二条 中华人民共和国境内的国家机关、企业、事业单位、社会团体、个体经济组织以及其他社会组织等用人单位及其女职工，适用本规定。

第三条 用人单位应当加强女职工劳动保护，采取措施改善女职工劳动安全卫生条件，对女职工进行劳动安全卫生知识培训。

第四条 用人单位应当遵守女职工禁忌从事的劳动范围的规定。用人单位应当将本单位属于女职工禁忌从事的劳动范围的岗位书面告知女职工。

女职工禁忌从事的劳动范围由本规定附录列示。国务院安全生产监督管理部门会同国务院人力资源社会保障行政部门、国务院卫生行政部门根据经济社会发展情况，对女职工禁忌从事的劳动范围进行调整。

第五条 用人单位不得因女职工怀孕、生育、哺乳降低其工资、予以辞退、与其解除劳动或者聘用合同。

第六条 女职工在孕期不能适应原劳动的，用人单位应当根据医疗机构的证明，予以减轻劳动量或者安排其他能够适应的劳动。

对怀孕7个月以上的女职工，用人单位不得延长劳动时间或者安排夜班劳动，并应当在劳动时间内安排一定的休息时间。

怀孕女职工在劳动时间内进行产前检查，所需时间计入劳动时间。

第七条　女职工生育享受98天产假，其中产前可以休假15天；难产的，增加产假15天；生育多胞胎的，每多生育1个婴儿，增加产假15天。

女职工怀孕未满4个月流产的，享受15天产假；怀孕满4个月流产的，享受42天产假。

第八条　女职工产假期间的生育津贴，对已经参加生育保险的，按照用人单位上年度职工月平均工资的标准由生育保险基金支付；对未参加生育保险的，按照女职工产假前工资的标准由用人单位支付。

女职工生育或者流产的医疗费用，按照生育保险规定的项目和标准，对已经参加生育保险的，由生育保险基金支付；对未参加生育保险的，由用人单位支付。

第九条　对哺乳未满1周岁婴儿的女职工，用人单位不得延长劳动时间或者安排夜班劳动。

用人单位应当在每天的劳动时间内为哺乳期女职工安排1小时哺乳时间；女职工生育多胞胎的，每多哺乳1个婴儿每天增加1小时哺乳时间。

第十条　女职工比较多的用人单位应当根据女职工的需要，建立女职工卫生室、孕妇休息室、哺乳室等设施，妥善解决女职工在生理卫生、哺乳方面的困难。

第十一条　在劳动场所，用人单位应当预防和制止对女职工的性骚扰。

第十二条 县级以上人民政府人力资源社会保障行政部门、安全生产监督管理部门按照各自职责负责对用人单位遵守本规定的情况进行监督检查。

工会、妇女组织依法对用人单位遵守本规定的情况进行监督。

第十三条 用人单位违反本规定第六条第二款、第七条、第九条第一款规定的，由县级以上人民政府人力资源社会保障行政部门责令限期改正，按照受侵害女职工每人1000元以上5000元以下的标准计算，处以罚款。

用人单位违反本规定附录第一条、第二条规定的，由县级以上人民政府安全生产监督管理部门责令限期改正，按照受侵害女职工每人1000元以上5000元以下的标准计算，处以罚款。用人单位违反本规定附录第三条、第四条规定的，由县级以上人民政府安全生产监督管理部门责令限期治理，处5万元以上30万元以下的罚款；情节严重的，责令停止有关作业，或者提请有关人民政府按照国务院规定的权限责令关闭。

第十四条 用人单位违反本规定，侵害女职工合法权益的，女职工可以依法投诉、举报、申诉，依法向劳动人事争议调解仲裁机构申请调解仲裁，对仲裁裁决不服的，依法向人民法院提起诉讼。

第十五条 用人单位违反本规定，侵害女职工合法权益，造成女职工损害的，依法给予赔偿；用人单位及其直接负责的主管人员和其他直接责任人员构成犯罪的，依法追究刑事责任。

第十六条 本规定自公布之日起施行。1988年7月21日国务院发布的《女职工劳动保护规定》同时废止。

附录：

女职工禁忌从事的劳动范围

一、女职工禁忌从事的劳动范围：

（一）矿山井下作业；

（二）体力劳动强度分级标准中规定的第四级体力劳动强度的作业；

（三）每小时负重6次以上、每次负重超过20公斤的作业，或者间断负重、每次负重超过25公斤的作业。

二、女职工在经期禁忌从事的劳动范围：

（一）冷水作业分级标准中规定的第二级、第三级、第四级冷水作业；

（二）低温作业分级标准中规定的第二级、第三级、第四级低温作业；

（三）体力劳动强度分级标准中规定的第三级、第四级体力劳动强度的作业；

（四）高处作业分级标准中规定的第三级、第四级高处作业。

三、女职工在孕期禁忌从事的劳动范围：

（一）作业场所空气中铅及其化合物、汞及其化合物、苯、镉、铍、砷、氰化物、氮氧化物、一氧化碳、二硫化碳、氯、己内酰胺、氯丁二烯、氯乙烯、环氧乙烷、苯胺、甲醛等有毒物质浓度超过国家职业卫生标准的作业；

（二）从事抗癌药物、己烯雌酚生产，接触麻醉剂气体等的作业；

（三）非密封源放射性物质的操作，核事故与放射事故的应急处置；

（四）高处作业分级标准中规定的高处作业；

（五）冷水作业分级标准中规定的冷水作业；

（六）低温作业分级标准中规定的低温作业；

（七）高温作业分级标准中规定的第三级、第四级的作业；

（八）噪声作业分级标准中规定的第三级、第四级的作业；

（九）体力劳动强度分级标准中规定的第三级、第四级体力劳动强度的作业；

（十）在密闭空间、高压室作业或者潜水作业，伴有强烈振动的作业，或者需要频繁弯腰、攀高、下蹲的作业。

四、女职工在哺乳期禁忌从事的劳动范围：

（一）孕期禁忌从事的劳动范围的第一项、第三项、第九项；

（二）作业场所空气中锰、氟、溴、甲醇、有机磷化合物、有机氯化合物等有毒物质浓度超过国家职业卫生标准的作业。

最高人民法院关于办理人身安全保护令案件适用法律若干问题的规定

（2022年6月7日最高人民法院审判委员会第1870次会议通过　2022年7月14日最高人民法院公告公布　自2022年8月1日起施行　法释〔2022〕17号）

为正确办理人身安全保护令案件，及时保护家庭暴力受害人的合法权益，根据《中华人民共和国民法典》《中华人民共和国反家庭暴力法》《中华人民共和国民事诉讼法》等相关法律规定，结合审判实践，制定本规定。

第一条 当事人因遭受家庭暴力或者面临家庭暴力的现实危险，依照反家庭暴力法向人民法院申请人身安全保护令的，人民法院应当受理。

向人民法院申请人身安全保护令，不以提起离婚等民事诉讼为条件。

第二条 当事人因年老、残疾、重病等原因无法申请人身安全保护令，其近亲属、公安机关、民政部门、妇女联合会、居民委员会、村民委员会、残疾人联合会、依法设立的老年人组织、救助管理机构等，根据当事人意愿，依照反家庭暴力法第二十三条规定代为申请的，人民法院应当依法受理。

第三条 家庭成员之间以冻饿或者经常性侮辱、诽谤、威胁、跟踪、骚扰等方式实施的身体或者精神侵害行为，应当认定为反家庭暴力法第二条规定的“家庭暴力”。

第四条 反家庭暴力法第三十七条规定的“家庭成员以外共同生活的人”一般包括共同生活的儿媳、女婿、公婆、岳父母以及其他有监护、扶养、寄养等关系的人。

第五条 当事人及其代理人对因客观原因不能自行收集的证据，申请人民法院调查收集，符合《最高人民法院关于适用〈中华人民共和国民事诉讼法〉的解释》第九十四条第一款规定情形的，人民法院应当调查收集。

人民法院经审查，认为办理案件需要的证据符合《最高人民法院关于适用〈中华人民共和国民事诉讼法〉的解释》第九十六条规定的，应当调查收集。

第六条 人身安全保护令案件中，人民法院根据相关证据，认为申请人遭受家庭暴力或者面临家庭暴力现实危险的事实存在较大可能性的，可以依法作出人身安全保护令。

前款所称“相关证据”包括：

（一）当事人的陈述；

（二）公安机关出具的家庭暴力告诫书、行政处罚决定书；

（三）公安机关的出警记录、讯问笔录、询问笔录、接警记录、报警回执等；

（四）被申请人曾出具的悔过书或者保证书等；

（五）记录家庭暴力发生或者解决过程等的视听资料；

（六）被申请人与申请人或者其近亲属之间的电话录音、短信、即时通讯信息、电子邮件等；

（七）医疗机构的诊疗记录；

（八）申请人或者被申请人所在单位、民政部门、居民委员会、村民委员会、妇女联合会、残疾人联合会、未成年人保护组织、依法设立的老年人组织、救助管理机构、反家暴社会公益机构等单位收到投诉、反映或者求助的记录；

（九）未成年子女提供的与其年龄、智力相适应的证言或者亲友、邻居等其他证人证言；

（十）伤情鉴定意见；

（十一）其他能够证明申请人遭受家庭暴力或者面临家庭暴力现实危险的证据。

第七条 人民法院可以通过在线诉讼平台、电话、短信、即时通讯工具、电子邮件等简便方式询问被申请人。被申请人未发表意见的，不影响人民法院依法作出人身安全保护令。

第八条　被申请人认可存在家庭暴力行为，但辩称申请人有过错的，不影响人民法院依法作出人身安全保护令。

第九条　离婚等案件中，当事人仅以人民法院曾作出人身安全保护令为由，主张存在家庭暴力事实的，人民法院应当根据《最高人民法院关于适用〈中华人民共和国民事诉讼法〉的解释》第一百零八条的规定，综合认定是否存在该事实。

第十条　反家庭暴力法第二十九条第四项规定的“保护申请人人身安全的其他措施”可以包括下列措施：

（一）禁止被申请人以电话、短信、即时通讯工具、电子邮件等方式侮辱、诽谤、威胁申请人及其相关近亲属；

（二）禁止被申请人在申请人及其相关近亲属的住所、学校、工作单位等经常出入场所的一定范围内从事可能影响申请人及其相关近亲属正常生活、学习、工作的活动。

第十一条　离婚案件中，判决不准离婚或者调解和好后，被申请人违反人身安全保护令实施家庭暴力的，可以认定为民事诉讼法第一百二十七条第七项规定的“新情况、新理由”。

第十二条　被申请人违反人身安全保护令，符合《中华人民共和国刑法》第三百一十三条规定的，以拒不执行判决、裁定罪定罪处罚；同时构成其他犯罪的，依照刑法有关规定处理。

第十三条　本规定自2022年8月1日起施行。

最高人民法院关于人身安全保护令案件相关程序问题的批复

（2016 年 6 月 6 日最高人民法院审判委员会第 1686 次会议通过　2016 年 7 月 11 日最高人民法院公告公布　自 2016 年 7 月 13 日起施行　法释〔2016〕15 号）

北京市高级人民法院：

你院《关于人身安全保护令案件相关程序问题的请示》（京高法〔2016〕45 号）收悉。经研究，批复如下：

一、关于人身安全保护令案件是否收取诉讼费的问题。同意你院倾向性意见，即向人民法院申请人身安全保护令，不收取诉讼费用。

二、关于申请人身安全保护令是否需要提供担保的问题。同意你院倾向性意见，即根据《中华人民共和国反家庭暴力法》请求人民法院作出人身安全保护令的，申请人不需要提供担保。

三、关于人身安全保护令案件适用程序等问题。人身安全保护令案件适用何种程序，反家庭暴力法中没有作出直接规定。人民法院可以比照特别程序进行审理。家事纠纷案件中的当事人向人民法院申请人身安全保护令的，由审理该案的审判组织作出是否发出人身安全保护令的裁定；如果人身安全保护令的申请人在接受其申请的人民法院并无正在进行的家事案件诉讼，由法官以独任审理的方式审理。至于是否需要就发出人身安全保护令问题听取被申请人的意见，则由承办法官视案件的具体情况决定。

四、关于复议问题。对于人身安全保护令的被申请人提出的复议申请和人身安全保护令的申请人就驳回裁定提出的复议申请，可以由原审判组织进行复议；人民法院认为必要的，也可以另行指定审判组织进行复议。

此复。

全国人民代表大会常务委员会关于严惩拐卖、绑架妇女、儿童的犯罪分子的决定

（1991年9月4日第七届全国人民代表大会常务委员会第二十一次会议通过 根据2009年8月27日第十一届全国人民代表大会常务委员会第十次会议《关于修改部分法律的决定》修正）

为了严惩拐卖、绑架妇女、儿童的犯罪分子，保护妇女、儿童的人身安全，维护社会治安秩序，对刑法有关规定作如下补充修改：

一、拐卖妇女、儿童的，处五年以上十年以下有期徒刑，并处一万元以下罚金；有下列情形之一的，处十年以上有期徒刑或者无期徒刑，并处一万元以下罚金或者没收财产；情节特别严重的，处死刑，并处没收财产：

（一）拐卖妇女、儿童集团的首要分子；

（二）拐卖妇女、儿童三人以上的；

（三）奸淫被拐卖的妇女的；

（四）诱骗、强迫被拐卖的妇女卖淫或者将被拐卖的妇女卖给

他人迫使其卖淫的；

（五）造成被拐卖的妇女、儿童或者其亲属重伤、死亡或者其他严重后果的；

（六）将妇女、儿童卖往境外的。

拐卖妇女、儿童是指以出卖为目的，有拐骗、收买、贩卖、接送、中转妇女、儿童的行为之一的。

二、以出卖为目的，使用暴力、胁迫或者麻醉方法绑架妇女、儿童的，处十年以上有期徒刑或者无期徒刑，并处一万元以下罚金或者没收财产；情节特别严重的，处死刑，并处没收财产。

以出卖或者勒索财物为目的，偷盗婴幼儿的，依照本条第一款的规定处罚。

以勒索财物为目的绑架他人的，依照本条第一款的规定处罚。

三、严禁收买被拐卖、绑架的妇女、儿童。收买被拐卖、绑架的妇女、儿童的，处三年以下有期徒刑、拘役或者管制。

收买被拐卖、绑架的妇女，强行与其发生性关系的，依照刑法关于强奸罪的规定处罚。

收买被拐卖、绑架的妇女、儿童，非法剥夺、限制其人身自由或者有伤害、侮辱、虐待等犯罪行为的，依照刑法的有关规定处罚。

收买被拐卖、绑架的妇女、儿童，并有本条第二款、第三款规定的犯罪行为的，依照刑法关于数罪并罚的规定处罚。

收买被拐卖、绑架的妇女、儿童又出卖的，依照本决定第一条的规定处罚。

收买被拐卖、绑架的妇女、儿童，按照被买妇女的意愿，不阻碍其返回原居住地的，对被买儿童没有虐待行为，不阻碍对其进行解救的，可以不追究刑事责任。

四、任何个人或者组织不得阻碍对被拐卖、绑架的妇女、儿童的解救，并不得向被拐卖、绑架的妇女、儿童及其家属或者解救人索要收买妇女、儿童的费用和生活费用；对已经索取的收买妇女、儿童的费用和生活费用，予以追回。

以暴力、威胁方法阻碍国家工作人员解救被收买的妇女、儿童的，依照刑法第一百五十七条的规定处罚；协助转移、隐藏或者以其他方法阻碍国家工作人员解救被收买的妇女、儿童，未使用暴力、威胁方法的，依照治安管理处罚法的规定处罚。

聚众阻碍国家工作人员解救被收买的妇女、儿童的首要分子，处五年以下有期徒刑或者拘役；其他参与者，依照本条第二款的规定处罚。

五、各级人民政府对被拐卖、绑架的妇女、儿童负有解救职责，解救工作由公安机关同有关部门负责执行。负有解救职责的国家工作人员接到被拐卖、绑架的妇女、儿童及其家属的解救要求或者接到其他人的举报，而对被拐卖、绑架的妇女、儿童不进行解救，造成严重后果的，依照刑法第一百八十七条的规定处罚；情节较轻的，予以行政处分。

负有解救职责的国家工作人员利用职务阻碍解救的，处二年以上七年以下有期徒刑；情节较轻的，处二年以下有期徒刑或者拘役。

六、拐卖、绑架妇女、儿童的非法所得予以没收。

罚没收入一律上缴国库。

七、本决定自公布之日起施行。

最高人民法院关于审理拐卖妇女儿童犯罪案件具体应用法律若干问题的解释

（2016 年 11 月 14 日最高人民法院审判委员会第 1699 次会议通过　2016 年 12 月 21 日最高人民法院公告公布　自 2017 年 1 月 1 日起施行　法释〔2016〕28 号）

为依法惩治拐卖妇女、儿童犯罪，切实保障妇女、儿童的合法权益，维护家庭和谐与社会稳定，根据刑法有关规定，结合司法实践，现就审理此类案件具体应用法律的若干问题解释如下：

第一条　对婴幼儿采取欺骗、利诱等手段使其脱离监护人或者看护人的，视为刑法第二百四十条第一款第（六）项规定的“偷盗婴幼儿”。

第二条　医疗机构、社会福利机构等单位的工作人员以非法获利为目的，将所诊疗、护理、抚养的儿童出卖给他人的，以拐卖儿童罪论处。

第三条　以介绍婚姻为名，采取非法扣押身份证件、限制人身自由等方式，或者利用妇女人地生疏、语言不通、孤立无援等境况，违背妇女意志，将其出卖给他人的，应当以拐卖妇女罪追究刑事责任。

以介绍婚姻为名，与被介绍妇女串通骗取他人钱财，数额较大的，应当以诈骗罪追究刑事责任。

第四条　在国家机关工作人员排查来历不明儿童或者进行解救时，将所收买的儿童藏匿、转移或者实施其他妨碍解救行为，经说服教育仍不配合的，属于刑法第二百四十一条第六款规定的“阻碍对其进行解救”。

第五条 收买被拐卖的妇女，业已形成稳定的婚姻家庭关系，解救时被买妇女自愿继续留在当地共同生活的，可以视为“按照被买妇女的意愿，不阻碍其返回原居住地”。

第六条 收买被拐卖的妇女、儿童后又组织、强迫卖淫或者组织乞讨、进行违反治安管理活动等构成其他犯罪的，依照数罪并罚的规定处罚。

第七条 收买被拐卖的妇女、儿童，又以暴力、威胁方法阻碍国家机关工作人员解救被收买的妇女、儿童，或者聚众阻碍国家机关工作人员解救被收买的妇女、儿童，构成妨害公务罪、聚众阻碍解救被收买的妇女、儿童罪的，依照数罪并罚的规定处罚。

第八条 出于结婚目的收买被拐卖的妇女，或者出于抚养目的收买被拐卖的儿童，涉及多名家庭成员、亲友参与的，对其中起主要作用的人员应当依法追究刑事责任。

第九条 刑法第二百四十条、第二百四十一条规定的儿童，是指不满十四周岁的人。其中，不满一周岁的为婴儿，一周岁以上不满六周岁的为幼儿。

第十条 本解释自 2017 年 1 月 1 日起施行。

最高人民法院关于审理拐卖妇女案件适用法律有关问题的解释

（1999 年 12 月 23 日最高人民法院审判委员会第 1094 次会议通过　2000 年 1 月 3 日最高人民法院公告公布　自 2000 年 1 月 25 日起施行　法释〔2000〕1 号）

为依法惩治拐卖妇女的犯罪行为，根据刑法和刑事诉讼法的有关规定，现就审理拐卖妇女案件具体适用法律的有关问题解释如下：

第一条　刑法第二百四十条规定的拐卖妇女罪中的“妇女”，既包括具有中国国籍的妇女，也包括具有外国国籍和无国籍的妇女。被拐卖的外国妇女没有身份证明的，不影响对犯罪分子的定罪处罚。

第二条　外国人或者无国籍人拐卖外国妇女到我国境内被查获的，应当根据刑法第六条的规定，适用我国刑法定罪处罚。

第三条　对于外国籍被告人身份无法查明或者其国籍国拒绝提供有关身份证明，人民检察院根据刑事诉讼法第一百二十八条第二款的规定起诉的案件，人民法院应当依法受理。

最高人民法院、最高人民检察院、公安部关于敦促拐卖妇女儿童相关犯罪嫌疑人投案自首的通告

（2022年4月24日）

为切实维护广大妇女儿童合法权益，维护社会和谐稳定，依法严厉打击拐卖妇女、儿童犯罪活动，敦促相关犯罪嫌疑人主动投案自首、争取从宽处理，根据《中华人民共和国刑法》《中华人民共和国刑事诉讼法》有关规定，特通告如下：

一、敦促实施或者参与拐卖妇女、儿童，收买被拐卖的妇女、儿童以及关联犯罪行为的犯罪嫌疑人，自本通告发布之日起至2022年6月30日前，尽快到公安机关等有关单位、组织投案自首。

二、在本通告规定期限内自动投案，如实供述自己罪行的，可以依法从轻或者减轻处罚；犯罪较轻的，可以依法免除处罚。犯罪嫌疑人委托他人代为投案或者先以信函、电话、电子邮件等方式投案，本人随后到案的；经亲友规劝，陪同投案的；或者亲友主动报案后将犯罪嫌疑人送去投案的，均视为自动投案。

三、犯罪嫌疑人到案后有检举、揭发他人犯罪行为，经查证属实的；提供重要线索，从而得以侦破其他案件的；或者有积极协助司法机关抓捕其他犯罪嫌疑人等立功表现的，可以依法从轻或者减轻处罚。有重大立功表现的，可以依法减轻或者免除处罚。

四、犯罪嫌疑人要认清形势，珍惜机会，尽快投案自首，争取从宽处理。在规定期限内拒不投案自首，继续实施拐卖妇女、儿童相关犯罪活动的，将依法从严惩处。对于窝藏、包庇拐卖妇女、儿

童的犯罪人员，帮助转移、藏匿被拐卖妇女、儿童，或者为拐卖妇女、儿童犯罪提供出具虚假结婚证明、虚假亲子鉴定、虚假出生医学证明等帮助的，将依法严厉打击。对聚众阻碍解救被收买的妇女、儿童的，依法追究刑事责任。

五、鼓励个人和有关组织积极举报、控告拐卖妇女、儿童犯罪，规劝在逃犯罪嫌疑人投案自首。对举报人、控告人及其他有关证人，司法机关依法予以保护。对威胁、报复举报人、控告人，构成犯罪的，依法追究刑事责任。

本通告自发布之日起施行。

最高人民法院、最高人民检察院、公安部、司法部关于依法办理家庭暴力犯罪案件的意见

（2015 年 3 月 2 日　法发〔2015〕4 号）

发生在家庭成员之间，以及具有监护、扶养、寄养、同居等关系的共同生活人员之间的家庭暴力犯罪，严重侵害公民人身权利，破坏家庭关系，影响社会和谐稳定。人民法院、人民检察院、公安机关、司法行政机关应当严格履行职责，充分运用法律，积极预防和有效惩治各种家庭暴力犯罪，切实保障人权，维护社会秩序。为此，根据刑法、刑事诉讼法、婚姻法、未成年人保护法、老年人权益保障法、妇女权益保障法等法律，结合司法实践经验，制定本意见。

一、基本原则

1. 依法及时、有效干预。针对家庭暴力持续反复发生，不断

恶化升级的特点，人民法院、人民检察院、公安机关、司法行政机关对已发现的家庭暴力，应当依法采取及时、有效的措施，进行妥善处理，不能以家庭暴力发生在家庭成员之间，或者属于家务事为由而置之不理，互相推诿。

2. 保护被害人安全和隐私。办理家庭暴力犯罪案件，应当首先保护被害人的安全。通过对被害人进行紧急救治、临时安置，以及对施暴人采取刑事强制措施、判处刑罚、宣告禁止令等措施，制止家庭暴力并防止再次发生，消除家庭暴力的现实侵害和潜在危险。对与案件有关的个人隐私，应当保密，但法律有特别规定的除外。

3. 尊重被害人意愿。办理家庭暴力犯罪案件，既要严格依法进行，也要尊重被害人的意愿。在立案、采取刑事强制措施、提起公诉、判处刑罚、减刑、假释时，应当充分听取被害人意见，在法律规定的范围内作出合情、合理的处理。对法律规定可以调解、和解的案件，应当在当事人双方自愿的基础上进行调解、和解。

4. 对未成年人、老年人、残疾人、孕妇、哺乳期妇女、重病患者特殊保护。办理家庭暴力犯罪案件，应当根据法律规定和案件情况，通过代为告诉、法律援助等措施，加大对未成年人、老年人、残疾人、孕妇、哺乳期妇女、重病患者的司法保护力度，切实保障他们的合法权益。

二、案件受理

5. 积极报案、控告和举报。依照刑事诉讼法第一百零八条第一款“任何单位和个人发现有犯罪事实或者犯罪嫌疑人，有权利也有义务向公安机关、人民检察院或者人民法院报案或者举报”的规定，家庭暴力被害人及其亲属、朋友、邻居、同事，以及村（居）

委会、人民调解委员会、妇联、共青团、残联、医院、学校、幼儿园等单位、组织，发现家庭暴力，有权利也有义务及时向公安机关、人民检察院、人民法院报案、控告或者举报。

公安机关、人民检察院、人民法院对于报案人、控告人和举报人不愿意公开自己的姓名和报案、控告、举报行为的，应当为其保守秘密，保护报案人、控告人和举报人的安全。

6. 迅速审查、立案和转处。公安机关、人民检察院、人民法院接到家庭暴力的报案、控告或者举报后，应当立即问明案件的初步情况，制作笔录，迅速进行审查，按照刑事诉讼法关于立案的规定，根据自己的管辖范围，决定是否立案。对于符合立案条件的，要及时立案。对于可能构成犯罪但不属于自己管辖的，应当移送主管机关处理，并且通知报案人、控告人或者举报人；对于不属于自己管辖而又必须采取紧急措施的，应当先采取紧急措施，然后移送主管机关。

经审查，对于家庭暴力行为尚未构成犯罪，但属于违反治安管理行为的，应当将案件移送公安机关，依照治安管理处罚法的规定进行处理，同时告知被害人可以向人民调解委员会提出申请，或者向人民法院提起民事诉讼，要求施暴人承担停止侵害、赔礼道歉、赔偿损失等民事责任。

7. 注意发现犯罪案件。公安机关在处理人身伤害、虐待、遗弃等行政案件过程中，人民法院在审理婚姻家庭、继承、侵权责任纠纷等民事案件过程中，应当注意发现可能涉及的家庭暴力犯罪。一旦发现家庭暴力犯罪线索，公安机关应当将案件转为刑事案件办理，人民法院应当将案件移送公安机关；属于自诉案件的，公安机关、人民法院应当告知被害人提起自诉。

8. 尊重被害人的程序选择权。对于被害人有证据证明的轻微家庭暴力犯罪案件，在立案审查时，应当尊重被害人选择公诉或者自诉的权利。被害人要求公安机关处理的，公安机关应当依法立案、侦查。在侦查过程中，被害人不再要求公安机关处理或者要求转为自诉案件的，应当告知被害人向公安机关提交书面申请。经审查确系被害人自愿提出的，公安机关应当依法撤销案件。被害人就这类案件向人民法院提起自诉的，人民法院应当依法受理。

9. 通过代为告诉充分保障被害人自诉权。对于家庭暴力犯罪自诉案件，被害人无法告诉或者不能亲自告诉的，其法定代理人、近亲属可以告诉或者代为告诉；被害人是无行为能力人、限制行为能力人，其法定代理人、近亲属没有告诉或者代为告诉的，人民检察院可以告诉；侮辱、暴力干涉婚姻自由等告诉才处理的案件，被害人因受强制、威吓无法告诉的，人民检察院也可以告诉。人民法院对告诉或者代为告诉的，应当依法受理。

10. 切实加强立案监督。人民检察院要切实加强对家庭暴力犯罪案件的立案监督，发现公安机关应当立案而不立案的，或者被害人及其法定代理人、近亲属，有关单位、组织就公安机关不予立案向人民检察院提出异议的，人民检察院应当要求公安机关说明不立案的理由。人民检察院认为不立案理由不成立的，应当通知公安机关立案，公安机关接到通知后应当立案；认为不立案理由成立的，应当将理由告知提出异议的被害人及其法定代理人、近亲属或者有关单位、组织。

11. 及时、全面收集证据。公安机关在办理家庭暴力案件时，要充分、全面地收集、固定证据，除了收集现场的物证、被害人陈述、证人证言等证据外，还应当注意及时向村（居）委会、人民调解委员会、妇联、共青团、残联、医院、学校、幼儿园等单位、组织的工作人员，以及被害人的亲属、邻居等收集涉及家庭暴力的处理记录、病历、照片、视频等证据。

12. *妥善救治、安置被害人*。人民法院、人民检察院、公安机关等负有保护公民人身安全职责的单位和组织，对因家庭暴力受到严重伤害需要紧急救治的被害人，应当立即协助联系医疗机构救治；对面临家庭暴力严重威胁，或者处于无人照料等危险状态，需要临时安置的被害人或者相关未成年人，应当通知并协助有关部门进行安置。

13. *依法采取强制措施*。人民法院、人民检察院、公安机关对实施家庭暴力的犯罪嫌疑人、被告人，符合拘留、逮捕条件的，可以依法拘留、逮捕；没有采取拘留、逮捕措施的，应当通过走访、打电话等方式与被害人或者其法定代理人、近亲属联系，了解被害人的人身安全状况。对于犯罪嫌疑人、被告人再次实施家庭暴力的，应当根据情况，依法采取必要的强制措施。

人民法院、人民检察院、公安机关决定对实施家庭暴力的犯罪嫌疑人、被告人取保候审的，为了确保被害人及其子女和特定亲属的安全，可以依照刑事诉讼法第六十九条第二款的规定，责令犯罪嫌疑人、被告人不得再次实施家庭暴力；不得侵扰被害人的生活、工作、学习；不得进行酗酒、赌博等活动；经被害人申请且有必要的，责令不得接近被害人及其未成年子女。

14. *加强自诉案件举证指导*。家庭暴力犯罪案件具有案发周期较长、证据难以保存，被害人处于相对弱势、举证能力有限，相关事实难以认定等特点。有些特点在自诉案件中表现得更为突出。因此，人民法院在审理家庭暴力自诉案件时，对于因当事人举证能力不足等原因，难以达到法律规定的证据要求的，应当及时对当事人进行举证指导，告知需要收集的证据及收集证据的方法。对于因客观原因不能取得的证据，当事人申请人民法院调取的，人民法院应当认真审查，认为确有必要的，应当调取。

15. 加大对被害人的法律援助力度。人民检察院自收到移送审查起诉的案件材料之日起三日内，人民法院自受理案件之日起三日内，应当告知被害人及其法定代理人或者近亲属有权委托诉讼代理人，如果经济困难，可以向法律援助机构申请法律援助；对于被害人是未成年人、老年人、重病患者或者残疾人等，因经济困难没有委托诉讼代理人的，人民检察院、人民法院应当帮助其申请法律援助。

法律援助机构应当依法为符合条件的被害人提供法律援助，指派熟悉反家庭暴力法律法规的律师办理案件。

三、定罪处罚

16. 依法准确定罪处罚。对故意杀人、故意伤害、强奸、猥亵儿童、非法拘禁、侮辱、暴力干涉婚姻自由、虐待、遗弃等侵害公民人身权利的家庭暴力犯罪，应当根据犯罪的事实、犯罪的性质、情节和对社会的危害程度，严格依照刑法的有关规定判处。对于同一行为同时触犯多个罪名的，依照处罚较重的规定定罪处罚。

17. 依法惩处虐待犯罪。采取殴打、冻饿、强迫过度劳动、限制人身自由、恐吓、侮辱、谩骂等手段，对家庭成员的身体和精神进行摧残、折磨，是实践中较为多发的虐待性质的家庭暴力。根据司法实践，具有虐待持续时间较长、次数较多；虐待手段残忍；虐待造成被害人轻微伤或者患较严重疾病；对未成年人、老年人、残疾人、孕妇、哺乳期妇女、重病患者实施较为严重的虐待行为等情形，属于刑法第二百六十条第一款规定的虐待“情节恶劣”，应当依法以虐待罪定罪处罚。

准确区分虐待犯罪致人重伤、死亡与故意伤害、故意杀人犯罪致人重伤、死亡的界限，要根据被告人的主观故意、所实施的暴力手段与方式、是否立即或者直接造成被害人伤亡后果等进行综合判断。对于被告人主观上不具有侵害被害人健康或者剥夺被害人生命的故意，而是出于追求被害人肉体和精神上的痛苦，长期或者多次实施虐待行为，逐渐造成被害人身体损害，过失导致被害人重伤或者死亡的；或者因虐待致使被害人不堪忍受而自残、自杀，导致重伤或者死亡的，属于刑法第二百六十条第二款规定的虐待“致使被害人重伤、死亡”，应当以虐待罪定罪处罚。对于被告人虽然实施家庭暴力呈现出经常性、持续性、反复性的特点，但其主观上具有希望或者放任被害人重伤或者死亡的故意，持凶器实施暴力，暴力手段残忍，暴力程度较强，直接或者立即造成被害人重伤或者死亡的，应当以故意伤害罪或者故意杀人罪定罪处罚。

依法惩处遗弃犯罪。负有扶养义务且有扶养能力的人，拒绝扶养年幼、年老、患病或者其他没有独立生活能力的家庭成员，是危害严重的遗弃性质的家庭暴力。根据司法实践，具有对被害人长期不予照顾、不提供生活来源；驱赶、逼迫被害人离家，致使被害人流离失所或者生存困难；遗弃患严重疾病或者生活不能自理的被害人；遗弃致使被害人身体严重损害或者造成其他严重后果等情形，属于刑法第二百六十一条规定的遗弃“情节恶劣”，应当依法以遗弃罪定罪处罚。

准确区分遗弃罪与故意杀人罪的界限，要根据被告人的主观故意、所实施行为的时间与地点、是否立即造成被害人死亡，以及被害人对被告人的依赖程度等进行综合判断。对于只是为了逃避扶养义务，并不希望或者放任被害人死亡，将生活不能自理的被害人弃置在福利院、医院、派出所等单位或者广场、车站等行人较多的场所，希望被害人得到他人救助的，一般以遗弃罪定罪处罚。对于希望或者放任被害人死亡，不履行必要的扶养义务，致使被害人因缺乏生活照料而死亡，或者将生活不能自理的被害人带至荒山野岭等人迹罕至的场所扔弃，使被害人难以得到他人救助的，应当以故意杀人罪定罪处罚。

18. 切实贯彻宽严相济刑事政策。对于实施家庭暴力构成犯罪的，应当根据罪刑法定、罪刑相适应原则，兼顾维护家庭稳定、尊重被害人意愿等因素综合考虑，宽严并用，区别对待。根据司法实践，对于实施家庭暴力手段残忍或者造成严重后果；出于恶意侵占财产等卑劣动机实施家庭暴力；因酗酒、吸毒、赌博等恶习而长期或者多次实施家庭暴力；曾因实施家庭暴力受到刑事处罚、行政处罚；或者具有其他恶劣情形的，可以酌情从重处罚。对于实施家庭暴力犯罪情节较轻，或者被告人真诚悔罪，获得被害人谅解，从轻处罚有利于被扶养人的，可以酌情从轻处罚；对于情节轻微不需要判处刑罚的，人民检察院可以不起诉，人民法院可以判处免予刑事处罚。

对于实施家庭暴力情节显著轻微危害不大不构成犯罪的，应当撤销案件、不起诉，或者宣告无罪。

人民法院、人民检察院、公安机关应当充分运用训诫，责令施暴人保证不再实施家庭暴力，或者向被害人赔礼道歉、赔偿损失等非刑罚处罚措施，加强对施暴人的教育与惩戒。

19. 准确认定对家庭暴力的正当防卫。为了使本人或者他人的人身权利免受不法侵害，对正在进行的家庭暴力采取制止行为，只要符合刑法规定的条件，就应当依法认定为正当防卫，不负刑事责任。防卫行为造成施暴人重伤、死亡，且明显超过必要限度，属于防卫过当，应当负刑事责任，但是应当减轻或者免除处罚。

认定防卫行为是否“明显超过必要限度”，应当以足以制止并使防卫人免受家庭暴力不法侵害的需要为标准，根据施暴人正在实施家庭暴力的严重程度、手段的残忍程度，防卫人所处的环境、面临的危险程度、采取的制止暴力的手段、造成施暴人重大损害的程度，以及既往家庭暴力的严重程度等进行综合判断。

20. 充分考虑案件中的防卫因素和过错责任。对于长期遭受家庭暴力后，在激愤、恐惧状态下为了防止再次遭受家庭暴力，或者为了摆脱家庭暴力而故意杀害、伤害施暴人，被告人的行为具有防卫因素，施暴人在案件起因上具有明显过错或者直接责任的，可以酌情从宽处罚。对于因遭受严重家庭暴力，身体、精神受到重大损害而故意杀害施暴人；或者因不堪忍受长期家庭暴力而故意杀害施暴人，犯罪情节不是特别恶劣，手段不是特别残忍的，可以认定为刑法第二百三十二条规定的故意杀人“情节较轻”。在服刑期间确有悔改表现的，可以根据其家庭情况，依法放宽减刑的幅度，缩短减刑的起始时间与间隔时间；符合假释条件的，应当假释。被杀害施暴人的近亲属表示谅解的，在量刑、减刑、假释时应当予以充分考虑。

四、其他措施

21. 充分运用禁止令措施。人民法院对实施家庭暴力构成犯罪被判处管制或者宣告缓刑的犯罪分子，为了确保被害人及其子女和特定亲属的人身安全，可以依照刑法第三十八条第二款、第七十二条第二款的规定，同时禁止犯罪分子再次实施家庭暴力，侵扰被害人的生活、工作、学习，进行酗酒、赌博等活动；经被害人申请且有必要的，禁止接近被害人及其未成年子女。

22. 告知申请撤销施暴人的监护资格。人民法院、人民检察院、公安机关对于监护人实施家庭暴力，严重侵害被监护人合法权益的，在必要时可以告知被监护人及其他有监护资格的人员、单位，向人民法院提出申请，要求撤销监护人资格，依法另行指定监护人。

23. 充分运用人身安全保护措施。人民法院为了保护被害人的人身安全，避免其再次受到家庭暴力的侵害，可以根据申请，依照民事诉讼法等法律的相关规定，作出禁止施暴人再次实施家庭暴力、禁止接近被害人、迁出被害人的住所等内容的裁定。对于施暴人违反裁定的行为，如对被害人进行威胁、恐吓、殴打、伤害、杀害，或者未经被害人同意拒不迁出住所的，人民法院可以根据情节轻重予以罚款、拘留；构成犯罪的，应当依法追究刑事责任。

24. 充分运用社区矫正措施。社区矫正机构对因实施家庭暴力构成犯罪被判处管制、宣告缓刑、假释或者暂予监外执行的犯罪分子，应当依法开展家庭暴力行为矫治，通过制定有针对性的监管、教育和帮助措施，矫正犯罪分子的施暴心理和行为恶习。

25. 加强反家庭暴力宣传教育。人民法院、人民检察院、公安机关、司法行政机关应当结合本部门工作职责，通过以案说法、社区普法、针对重点对象法制教育等多种形式，开展反家庭暴力宣传教育活动，有效预防家庭暴力，促进平等、和睦、文明的家庭关系，维护社会和谐、稳定。

人力资源社会保障部、教育部等九部门关于进一步规范招聘行为促进妇女就业的通知

（2019年2月18日）

各省、自治区、直辖市及新疆生产建设兵团人力资源社会保障厅（局）、教育厅（教委）、司法厅（局）、卫生健康委（卫生计生委）、国资委、医保局、总工会、妇联、人民法院：

男女平等是我国基本国策。促进妇女平等就业，有利于推动妇女更加广泛深入参加社会和经济活动，提升社会生产力和经济活力。党和政府对此高度重视，劳动法、就业促进法、妇女权益保障法等法律法规对保障妇女平等就业权利、不得实施就业性别歧视作出明确规定。当前我国妇女就业情况总体较好，劳动参与率位居世界前列，但妇女就业依然面临一些难题，尤其是招聘中就业性别歧视现象屡禁不止，对妇女就业带来不利影响。为进一步规范招聘行为，促进妇女平等就业，现就有关事项通知如下：

一、把握总体工作要求。各地要以习近平新时代中国特色社会主义思想为指导，深入贯彻男女平等基本国策，把解决就业性别歧视作为推动妇女实现更高质量和更充分就业的重要内容，坚持突出重点和统筹兼顾相结合，坚持柔性调解和刚性执法相结合，坚持积极促进和依法惩戒相结合，以规范招聘行为为重点，加强监管执法，健全工作机制，加大工作力度，切实保障妇女平等就业权利。

二、依法禁止招聘环节中的就业性别歧视。各类用人单位、人力资源服务机构在拟定招聘计划、发布招聘信息、招用人员过程中，不得限定性别（国家规定的女职工禁忌劳动范围等情况除外）

或性别优先，不得以性别为由限制妇女求职就业、拒绝录用妇女，不得询问妇女婚育情况，不得将妊娠测试作为入职体检项目，不得将限制生育作为录用条件，不得差别化地提高对妇女的录用标准。国有企事业单位、公共就业人才服务机构及各部门所属人力资源服务机构要带头遵法守法，坚决禁止就业性别歧视行为。

三、强化人力资源市场监管。监督人力资源服务机构建立健全信息发布审查和投诉处理机制，切实履行招聘信息发布审核义务，及时纠正发布含有性别歧视内容招聘信息的行为，确保发布的信息真实、合法、有效。对用人单位、人力资源服务机构发布含有性别歧视内容招聘信息的，依法责令改正；拒不改正的，处 1 万元以上 5 万元以下的罚款；情节严重的人力资源服务机构，吊销人力资源服务许可证。将用人单位、人力资源服务机构因发布含有性别歧视内容的招聘信息接受行政处罚等情况纳入人力资源市场诚信记录，依法实施失信惩戒。

四、建立联合约谈机制。畅通窗口来访接待、12333、12338、12351 热线等渠道，及时受理就业性别歧视相关举报投诉。根据举报投诉，对涉嫌就业性别歧视的用人单位开展联合约谈，采取谈话、对话、函询等方式，开展调查和调解，督促限期纠正就业性别歧视行为，及时化解劳动者和用人单位间矛盾纠纷。被约谈单位拒不接受约谈或约谈后拒不改正的，依法进行查处，并通过媒体向社会曝光。

五、健全司法救济机制。依法受理妇女就业性别歧视相关起诉，设置平等就业权纠纷案由。积极为遭受就业性别歧视的妇女提供法律咨询等法律帮助，为符合条件的妇女提供法律援助。积极为符合条件的遭受就业性别歧视的妇女提供司法救助。

六、支持妇女就业。加强就业服务，以女大学生为重点，为妇女提供个性化职业指导和有针对性的职业介绍，树立正确就业观和择业观。组织妇女参加适合的培训项目，鼓励用人单位针对产后返岗女职工开展岗位技能提升培训，尽快适应岗位需求。促进 3 岁以下婴幼儿照护服务发展，加强中小学课后服务，缓解家庭育儿负担，帮助妇女平衡工作与家庭。完善落实生育保险制度，切实发挥生育保险保障功能。加强监察执法，依法惩处侵害女职工孕期、产期、哺乳期特殊劳动保护权益行为。对妇女与用人单位间发生劳动人事争议申请仲裁的，要依法及时快速处理。

七、开展宣传引导。坚决贯彻男女平等基本国策，强化男女平等意识，逐步消除性别偏见。加大反就业性别歧视、保障妇女平等就业权利法律、法规、政策宣传，引导全社会尊重爱护妇女，引导用人单位知法守法依法招用妇女从事各类工作，引导妇女合法理性保障自身权益。树立一批保障妇女平等就业权利用人单位典型，对表现突出的推荐参加全国维护妇女儿童权益先进集体、全国城乡妇女岗位建功先进集体等创评活动。营造有利于妇女就业的社会环境，帮助妇女自立自强，充分发挥自身优势特长，在各行各业展示聪明才智，体现自身价值。

八、加强组织领导。各地区、各有关部门要高度重视促进妇女平等就业，履职尽责、协同配合，齐抓共管、综合施策。人力资源社会保障部门要会同有关部门加强对招用工行为的监察执法，引导合法合理招聘，加强面向妇女的就业服务和职业技能培训。教育部门要推进中小学课后服务。司法部门要提供司法救济和法律援助。卫生健康部门要促进婴幼儿照护服务发展。国有资产监督管理部门要加强对各级各类国有企业招聘行为的指导与监督。医疗保障部门要完善落实生育保险制度。工会组织要积极推动企业依法合规用工。妇联组织要会同有关方面组织开展相关评选表彰，加强宣传引导，加大对妇女的关心关爱。人民法院要积极发布典型案例、指导性案例，充分发挥裁判的规范、引导作用。人力资源社会保障部门、工会组织、妇联组织等部门对涉嫌就业性别歧视的用人单位开展联合约谈。

二、相关典型案例

最高人民检察院、中华全国妇女联合会《妇女权益保障检察公益诉讼典型案例》

（2022 年 11 月 23 日）

目　录

履职行政公益诉讼案

10. 浙江省嘉善县人民检察院督促保护妇女隐私权益行政公益诉讼案

陕西省咸阳市渭城区人民检察院督促保护妇女劳动权益行政公益诉讼案

【关键词】

行政公益诉讼诉前程序　妇女劳动权益　预防性骚扰　公开听证　综合治理

【要旨】

针对用人单位未充分保障孕期、哺乳期妇女休息权益等问题，检察机关通过提出检察建议督促行政机关依法履职，并建立协作配合机制，推动构建妇女劳动权益保障齐抓共管格局。

【基本案情】

陕西省咸阳市渭城区多家超市、商场等女职工较多的单位存在保障女职工劳动权益不到位的问题，如未保障哺乳假，对孕期、哺乳期女职工安排加班、夜班；未组织定期体检，未将体检时间计入劳动时间，未承担全部体检费用；未制定或落实预防、制止女职工在劳动场所遭受性骚扰的制度，损害了广大妇女劳动权益。

【调查和督促履职】

2022年6月至7月，陕西省咸阳市渭城区人民检察院（以下简称渭城区院）围绕损害妇女劳动权益问题，以“线上+线下”问卷调查、实地走访等方式开展社会调查，并于7月5日以行政公益诉讼立案。7月7日，渭城区院组织召开公开听证会，邀请渭城区人力资源和社会保障局（以下简称渭城区人社局）、渭城区妇女联合会（以下简称渭城区妇联）参加，并邀请政协委员作为听证员，围绕相关用人单位是否依法保障女职工劳动权益等问题进行论证，形成了行政机关应依法履行监管职责的听证意见。听证会结束后，渭城区院于同日向渭城区人社局公开送达行政公益诉讼检察建议，建议其加强对用人单位的监督管理，依法保障女职工合法劳动权益。

2022年8月底，渭城区人社局回复称，已约谈了4家涉案超市、商场，就检察建议中涉及的问题下发整改通知，并提出三项具体要求：一是保障孕期、哺乳期女职工合理休息时间，减轻工作量，禁止加班、夜班；二是落实体检规定；三是建立并公示防止职场性骚扰制度，确定专门人员处理此类纠纷。

2022年9月，渭城区院跟进监督发现，各用人单位均已经按要求整改到位，已安排哺乳期女职工休哺乳假，共组织110名女职工体检，组织全体女职工学习劳动权益保障法规政策，公示了防止女性职场性骚扰制度，某超市还将性骚扰列入奖惩制度当中，针对性骚扰行为制定严格的惩处规定。同时，渭城区院针对调查阶段发现的女职工劳动权益保障意识淡薄等问题，制作了妇女权益保护普法宣传视频，联合渭城区人社局、区妇联开展普法宣传，辖区主要商场、超市均完善了妇女劳动权益保障工作。

办案过程中，渭城区院坚持以个案办理推动综合治理，与渭城区妇联联合印发了《建立妇女权益保障协作配合机制意见》，在线索移送、司法救助等多方面达成合作意见；联合设立“渭城区妇女儿童维权服务工作站”，选聘60名街办和社区工作者作为联络员，建立起“渭城区—街道—社区”三级全覆盖的妇女权益保障网格化管理机制。该机制建立以来，已接待来信来访妇女120余人，救助符合条件的妇女28人，发放救助金15万余元。

【典型意义】

劳动权益是一项重要的妇女权益，用人单位应依法保障妇女在工作和劳动时的安全和健康。本案中，检察机关以社会调查为基础，以公开听证为切入点，通过办案促进溯源治理，以“我管”促“都管”，推动形成检察监督、行政执法、妇联组织、用人单位等四方联合保障妇女劳动权益的合力，着力解决身边被漠视的妇女劳动权益保障问题。

贵州省纳雍县人民检察院督促保护妇女劳动和社会保障权益行政公益诉讼案

【关键词】

行政公益诉讼诉前程序　妇女劳动和社会保障权益　“益心为公”志愿者　溯源治理

【要旨】

针对企业未依法保障妇女劳动和社会保障权益的行为，检察机关强化与妇联协作配合，充分发挥“益心为公”志愿者作用，通过制发诉前检察建议、设立妇女权益维权站、开展司法救助、建立长效机制等方式，切实维护妇女合法权益。

【基本案情】

贵州省毕节市纳雍县域内4家大型超市聘用女职工比例高达93%，存在着未依法为女职工缴纳社会保险、未按规定对法定节假日工作的女职工给付3倍工资、未在“三八”妇女节给女职工放假半天、违规安排哺乳期女职工值夜班等行为，侵害了妇女劳动和社会保障权益。

【调查与督促履职】

2022年年初，贵州省毕节市纳雍县人民检察院（以下简称纳雍县院）与纳雍县妇女联合会（以下简称纳雍县妇联）联合开展“妇女合法权益保护”专项监督活动，发现该案线索，并于 2022 年 4 月 28 日立案。办案过程中，检察机关主动向妇联具有专业背景的“益心为公”志愿者进行咨询，通过现场走访、调取相关证据材料及询问相关人员等方式开展调查取证，查明纳雍县域内 4 家大型超市违反女职工劳动保护相关法律法规，负有监督管理职责的纳雍县人力资源和社会保障局（以下简称纳雍县人社局）未依法履职，导致女职工劳动和社会保障权益受到侵害。遂向纳雍县人社局发出行政公益诉讼检察建议，建议纳雍县人社局全面履行监管职责，针对发现的问题依法进行整治，并对辖区内女性劳动者集中的用工单位进行全面排查，维护女职工的劳动权益。

纳雍县人社局收到检察建议后立即开展调查核实，督促涉案的 4 家超市依法缴纳女职工社会保险共计 15.6 万元；对节假日加班女职工补发工资共计 7300 元，并发放价值 4600 元的慰问品；禁止超市违规安排孕期、哺乳期女职工加班、值夜班。通过排查，建立企业诚信档案，对侵犯妇女权益的企业纳入黑名单，强化对妇女用工企业的监督管理。

2022 年 5 月 24 日，纳雍县院联合县妇联、县人社局对全县 30 余家重点妇女用工企业开展法治宣传。6 月 8 日，纳雍县人社局组织涉案的 4 家超市召开集体约谈会，并邀请纳雍县院现场开展法律培训，促进企业依法用工。办案过程中，为进一步推进妇女权益保护，纳雍县院与纳雍县妇联会签《关注困难妇女群体，加强专项司法救助》机制，就搭建救助平台、关爱困难妇女群体等工作达成共识，结合正在开展的“关注困难妇女群体，加强专项司法救助”活动，为涉案超市病困女职工李某某申请司法救助金 1 万元；与纳雍县人社局共同建立妇女维权工作站，设置并公告妇女维权电话，开设妇女权益保护“绿色通道”。维权站成立至今，已收到侵害妇女权益案件线索30余件，涉及妇女51人，欠薪总额55.9万元，目前已解决14件，涉及妇女21人，涉及金额共计34.2万元。

2022年8月11日，纳雍县院邀请纳雍县妇联“益心为公”志愿者、县人大代表、政协委员、人民监督员共同到涉案4家超市持续跟进“回头看”，并对案件办理成效进行公开听证。听证员一致认为，行政机关已经依法全面履职，妇女劳动和社会保障权益得到有效保护，建议对该案依法终结。检察机关经审查，于2022年8月12日对该案依法终结。

【典型意义】

妇女依法享有劳动和社会保障权利，是妇女实现其政治的、经济、文化的、社会的和家庭的生活等各方面权益的基础。本案中，检察机关针对用人单位未依法保障妇女劳动和社会保障权利的行为，充分发挥公益诉讼职能作用，加强与妇联的协作配合，通过诉前检察建议督促行政机关依法履职、切实整改，并联合建立妇女权益保护“绿色通道”，以个案推动完善长效机制，促进溯源治理。

北京铁路运输检察院督促整治妇女就业歧视行政公益诉讼案

【关键词】

行政公益诉讼诉前程序　妇女平等就业权益　性别歧视　网络招聘服务平台　系统治理

【要旨】

针对网络招聘服务平台违规发布歧视女性招聘信息的问题，检察机关以反就业歧视为切入点，通过诉前检察建议督促行政机关对相关用人单位进行监管，对网络招聘服务平台审核机制督促整改，推动溯源治理，切实维护妇女平等就业的合法权益。

【基本案情】

北京市海淀区部分用人单位在网络招聘服务平台上发布含有“男士优先”“限男性”等性别歧视性内容的网络招聘信息。海淀区某人力资源服务机构以提供网络招聘服务平台为服务方式，在为劳动者求职和用人单位招用人员提供服务的过程中，对用人单位提供的含有性别歧视性内容的网络招聘信息进行平台发布，未尽到审核义务。用人单位和人力资源服务机构的上述行为，侵犯了妇女平等就业的合法权益，损害了社会公共利益。

【调查和督促履职】

北京铁路运输检察院（以下简称北京铁检院）开展“保障妇女权益，促进平等就业”专项活动，依托构建的网络招聘服务平台就业歧视公益诉讼线索发现模型，对北京各大网络招聘服务平台开展大数据筛查，发现海淀区 4 家用人单位在发布招聘平面设计学徒、现场代表、客服经理等工作岗位时，岗位要求中存在“男士优先”“限男性”等性别歧视性内容，于 2022 年 4 月 6 日以行政公益诉讼立案。进一步调查发现，在海淀区某人力资源服务机构运营的大型网络招聘服务平台上，有 13 家外省市用人单位存在发布性别歧视网络招聘信息的违法行为。北京铁检院经审查认为，根据《妇女权益保障法》《就业促进法》《人力资源市场暂行条例》《网络招聘服务管理规定》等法律法规规定，北京市海淀区人力资源和社会保障局（以下简称海淀区人社局）负有监管职责。2022 年 4 月 20 日，北京铁检院与海淀区人社局召开座谈会并发出检察建议，督促行政机关对存在违法行为的用人单位及未尽审核义务的网络招聘服务平台依法查处，健全网络招聘服务监管机制，加大对辖区内人力资源服务机构开展网络招聘服务的监管力度。

检察建议发出后，行政机关积极开展整改工作：一是对4家用人单位逐一核查，督促用人单位对发布的网络招聘信息进行修改，删除性别歧视性岗位要求；二是督促涉案的某人力资源服务机构对其发布在网络招聘服务平台上的网络招聘信息自行全面筛查，及时发现并纠正违法信息，并对该人力资源服务机构分阶段开展三轮检查，确保该机构在平台发布的169家企业的网络招聘信息合法，全面整改到位；三是在辖区内开展人力资源服务行业规范经营自查行动和“以案释法”法规宣讲活动，切实保障辖区内人力资源服务机构规范化、专业化经营；四是通过督促机构自查自改和“双随机”检查相结合的方式，实现对辖区内人力资源服务机构的常态化监管。

收到行政机关书面回复后，北京铁检院积极开展跟进监督，通过网上核实行政机关履职情况，确认相关违法情形已经消除，社会公益已得到有效维护。2022年7月，北京铁检院与海淀区人社局召开座谈会，就检察建议整改、后续监管等情况深入交流，进一步凝聚共识，共同促进妇女就业、维护社会公益。

【典型意义】

反对就业歧视，保障妇女平等就业和自主择业的权利，是尊重和保障妇女权益的必然要求。随着网络招聘模式的逐渐普及，妇女就业歧视的违法行为更趋隐蔽，给行政机关监管、妇女就业维权带来一定困难。本案中，检察机关从网络招聘服务平台的监管盲区入手，依托大数据筛查，通过制发检察建议，激发行政机关监督执法主动性，规范网络招聘服务平台审核管理职责，有效避免歧视性招聘信息的发布，拓宽妇女就业渠道，注重溯源治理，推动形成妇女权益保护合力，实现了“双赢多赢共赢”的办案效果。

上海市松江区人民检察院督促保护残疾妇女平等就业权行政公益诉讼案

【关键词】

行政公益诉讼诉前程序　残疾妇女平等就业权益　协同共治　“益心为公”志愿者

【要旨】

针对辖区内企业残疾人招聘涉嫌性别歧视问题，检察机关借助“益心为公”检察云平台志愿者力量，充分发挥公益诉讼检察职能，精准督促相关职能部门及时纠正整改，共同维护残疾妇女的平等就业权。

【基本案情】

2022 年 5 月，上海市松江区的上海某置业公司、上海某园林公司在面向全区残疾人推出的就业招聘中对岗位性别进行了限定，限招男性，然而岗位并不属于国家规定的不适合妇女的工种或者岗位，未充分保障残疾妇女平等就业权，损害了社会公共利益。

【调查和督促履职】

2022 年 5 月，一名“益心为公”检察云平台志愿者向上海市松江区人民检察院（以下简称松江区院）反映，近期本区残疾人线上专场招聘中，部分招聘岗位指向性明显，涉嫌性别歧视。松江区院迅速研判并调查核实，发现该招聘活动系 2022 年松江区国有企业招录残疾人线上专场招聘，旨在帮扶残疾人就业。招聘启事中有企业岗位设定性别限制，岗位信息显示：上海某置业公司招聘招标审价员 1 人，性别男，岗位要求遵守国家法律法规，爱岗敬业，品行端正；具有全日制本科及以上学历，理工类相关或相近专业；具有5年以上招标审价工作经验。上海某园林公司招聘绿化修剪工1人，性别男，岗位要求是熟悉园艺修剪，能够适当从事体力劳动。松江区院经审查认为，上述岗位并不属于国家规定的不适合妇女的工种或者岗位，却限招男性，侵害残疾妇女平等就业权，损害了社会公共利益。根据《劳动法》《就业促进法》等相关法律规定，松江区人力资源和社会保障局（以下简称区人社局）负有监督管理职责。2022年5月30日，松江区院以行政公益诉讼立案并开展调查取证。

2022年6月8日，松江区院举行线上公开听证会，邀请区人社局、区国有资产监督管理委员会（以下简称区国资委）、区残疾人联合会（以下简称区残联）、人民监督员、“益心为公”志愿者及用人单位代表共同参与听证，就公益侵害事实、如何保护妇女平等就业权等问题开展探讨并取得共识，一致认为涉案企业积极落实帮扶残疾人群体就业值得肯定，但在招聘岗位并不属于国家规定的不适合妇女的工种或者岗位、仅限招录男性的做法违反了《妇女权益保障法》等法律规定，未充分保障残疾妇女平等就业权。听证会结束后，松江区院依法向区人社局发出行政公益诉讼诉前检察建议，建议其履行保障残疾妇女平等就业权的法定监管职责，并协同有关职能部门进一步规范辖区内企业单位招聘工作，建立健全长效工作机制。同时，松江区院向区国资委、区残疾人就业促进指导中心分别制发《关于进一步规范辖区国有企业招聘工作的提示函》《关于进一步优化辖区残疾人就业指导工作的提示函》，提示规范招聘信息征集、发布流程管理，凝聚多部门工作保护合力。

各行政机关收到检察建议和提示函后高度重视，并积极推动整改。区人社局回函表示，已第一时间约谈涉案企业，责令立即改正违法行为，并就规范辖区内企业单位的招聘工作进行了整体部署；区国资委回函表示，已删除原招聘链接并重新制作后予以发布；区残疾人就业促进指导中心回函表示，已向各街镇残联下发通知，取消性别限制，延长报名时间，同时优化招聘工作流程与机制，截至目前已有残疾女性报名。

收到回函后，松江区院通过线下上门走访、线上调查核实等方式进行跟进监督，确认了相关整改事实，社会公共利益得到维护。同时，为进一步做好溯源治理，松江区院与区妇女联合会建立工作机制，全方位保护残疾妇女合法权益。

【典型意义】

国家高度关注残疾人就业，2022年全国助残日主题就是“促进残疾人就业，保障残疾人权益”。本案中，检察机关围绕残疾女性的平等就业权开展公益诉讼，依法向主管行政机关发出诉前检察建议，督促及时纠正违法招聘行为、消除就业歧视。既立足残疾人弱势群体保护，也着眼妇女平等就业权保障。同时，坚持以“我管”促“都管”，注重拓展办案效果，分别向相关部门发出工作提示函，督促其进一步优化就业招聘工作机制，形成多元主体协同保护残疾妇女合法权益的治理格局。

江苏省滨海县人民检察院诉王某红侵犯孕产妇生育信息刑事附带民事公益诉讼案

【关键词】

刑事附带民事公益诉讼　行政公益诉讼诉前程序　孕产妇生育信息　妇女人格权益　公益损害赔偿金

【要旨】

针对孕产妇生育信息被泄露、滥用的行为，检察机关充分发挥刑事、公益诉讼检察职能作用，依法追究当事人的公益损害赔偿责任，并建立公益损害赔偿款财政专用账户托管机制，全方位保护公民个人健康生理信息。

【基本案情】

2016年至2020年期间，被告王某红利用自己在江苏省滨海县某镇中心卫生院的工作便利，为获取非法利益向他人提供孕产妇、新生儿等生育信息计25124条。上述信息被转售给当地母婴店和儿童摄影馆，用于定向推销母婴产品、新生儿照相等产品或服务。王某红从中非法获利人民币33200元。

【调查和诉讼】

江苏省滨海县人民检察院（以下简称滨海县院）在履职中发现本案线索，于2021年3月26日立案，并围绕被泄露信息是否属于健康生理信息、公共利益是否受到损害等问题进行重点调查。此案发生时，《个人信息保护法》尚未出台，检察机关就管辖权、赔偿数额、公益赔偿金使用等问题加强研究，与相关部门形成“刑事处罚+民事赔偿”同步处理的共识。同年4月15日，滨海县院召开公开听证会，邀请人大代表、政协委员、人民监督员、妇女代表等作为听证员，就如何保护妇女儿童个人信息、提起公益诉讼的必要性等开展广泛讨论。听证员一致认为，检察机关应主动履职，提起公益诉讼，最大程度保护妇女儿童的合法权益。

2021年4月22日，滨海县院向滨海县人民法院提起刑事附带民事公益诉讼，在依法追究王某红刑事责任的同时，请求判令王某红承担民事赔偿金33200元，并在地市级以上新闻媒体向公众公开赔礼道歉。

2021 年 11 月 2 日，法院以王某红犯侵犯公民个人信息罪，判处其有期徒刑三年，并处罚金人民币 35000 元；判决王某红支付损害赔偿金人民币 33200 元，并在本市市级以上媒体公开登报赔礼道歉。同时，滨海县院会同财政部门研究出台《关于加强公益赔偿资金使用管理办法（试行）》，建立公益损害赔偿款财政专用账户托管机制，专设财政代管账户，并就利用公益损害赔偿金开展保护妇女儿童公益活动达成一致意见。目前，损害赔偿金已执行到位并存入财政代管账户。

针对办案中发现的医疗机构存在泄漏公民个人信息隐患问题，滨海县院向县卫生健康委员会（以下简称县卫健委）制发行政公益诉讼检察建议，建议其采取有效措施消除现有的孕产妇信息泄露隐患，从制度建立、设备更新、人员管理等方面完善公民个人信息的保护机制。收到检察建议后，县卫健委立即召开全县医疗机构警示教育大会，签订信息安全保密责任状，建立孕产妇、新生儿信息专人保管、“双人双密”的保护制度。

【典型意义】

孕产妇生育信息属于个人健康生理信息，是《民法典》保护的有重要价值的公民个人信息。生育信息数据庞大，一旦泄露易引发针对妇女的电信诈骗、定向促销、人身骚扰等多种关联违法犯罪活动，给相关家庭人身和财产安全构成重大威胁。本案中，检察机关在通过刑事检察从严惩治侵害公民个人信息犯罪行为的同时，通过提起刑事附带民事公益诉讼、制发检察建议等方式推动相关行业领域整治，设立公益损害赔偿金专用账户，构建多部门协作配合机制，共同维护孕产妇生育信息安全。

江西省樟树市人民检察院督促整治低俗广告贬低损害妇女人格行政公益诉讼案

【关键词】

行政公益诉讼诉前程序　低俗广告　妇女人格权益　公开听证

【要旨】

针对企业通过发布含物化、矮化女性或贬低损害妇女人格等低俗内容的广告进行恶意营销的行为，检察机关可以通过发出检察建议，督促行政机关依法查处企业广告违法行为，推动开展区域内行业整治，引导企业加强合规建设，维护妇女合法权益。

【基本案情】

2021年8月1日，江西某公司委托某科技公司对妇炎洁女性个护保养系列产品提供运营、策划、推广、销售等服务。2022年4月30日，该科技公司在天猫妇炎洁官方旗舰店推广销售“妇炎洁玻尿酸玫瑰滋养洗液”产品时，在商品详情页面的广告宣传中使用“洗出‘少女粉’”“黑！暗沉发黑，遭伴侣嫌弃”等大量低俗、恶俗、媚俗用语，贬损妇女人格尊严，造成了恶劣社会影响。

【调查和督促履职】

2022年5月19日，江西省宜春市人民检察院在履职中发现上述线索，并移交江西省樟树市人民检察院（以下简称樟树市院）办理。同年5月23日，樟树市院依法以行政公益诉讼立案，并调取了涉案产品生产销售、广告制作发布等证据材料，查清了案件基本事实。为准确界定涉案广告性质，检察机关委托妇科专家出具意见，专家意见认为普通洗液产品无法达到该广告宣传的效果，会误导女性对自己的身体产生错误认知。樟树市院经审查认为，根据《广告法》《妇女权益保障法》《消费者权益保护法》等法律法规规定，樟树市市场监督管理局（以下简称樟树市市监局）具有广告监督管理、妇女权益保障、消费者权益保护等职责。

2022 年 6 月 20 日，樟树市院主持召开公开听证会，邀请樟树市市监局、妇女联合会、相关公司以及人大代表、人民监督员等参加，主要围绕涉案广告的违法性、危害性以及制发检察建议的必要性进行了充分讨论，听证员一致认为该广告包含低俗、引人误解的内容，损害了广大妇女权益，应当制发检察建议督促行政机关履职。听证会结束后，樟树市院向樟树市市监局公开宣告送达检察建议书，建议其依法全面履行监管职责，对发布贬低、侮辱妇女人格等违背社会良好风尚违法广告的行为及时查处，并督促企业切实消除对广大妇女造成的不良社会影响；同时，对辖区内经营单位已发布广告进行全面排查并加强对本行政区内广告的日常监管。

樟树市市监局收到检察建议后及时依法履职，对相关企业负责人进行约谈，责令涉及低俗广告的产品全网下架，并对 2 家涉案企业分别作出 80 万元、50 万元的行政处罚。同时，对辖区内经营单位涉及广告发布、产品审批报备等项目进行重点检查，先后出动执法人员 200 余人次，检查各类日化品、医疗器械、医疗产品等经营主体 300 余家，共立案查处 4 起违法广告，责令 10 余家企业进行整改；向全市生产企业、广告主、广告经营者和广告发布者发出《规范商业营销宣传的提醒告诫书》，引导企业树立正确价值取向，切实做到合法经营。

办案过程中，检察机关协同行政机关持续跟进涉案企业整改进展，积极引导企业承担社会责任，相关企业已主动发起和参与多项妇女权益保障公益性活动，并捐赠 245 万元用于社会公共卫生突发事件。目前，涉案企业已主动配合整改，依法下架相关产品，并通过解聘、降薪等方式追究了20余名涉案相关人员的责任。针对案件反映的企业监管漏洞，积极开展合规建设，完善规章制度建设。江西某公司专门增设企业合规经理岗，制定完善公司宣传管理规章制度，积极适应市场化、法治化发展需要。

【典型意义】

妇女人格权受法律保护。企业发布贬损女性人格的低俗产品广告误导大众，不仅违背公序良俗，也违反相关法律规定，损害了广大女性的人格尊严与合法权益。本案中，检察机关结合专家意见、公开听证结论，依法发出诉前检察建议，督促相关职能部门依法约谈企业并责令下架相关产品，开展低俗广告专项整治活动，促进行业自律，引导企业合规发展，规范广告发布等经营行为，积极参与社会公益事业，实现了“三个效果”的有机统一。

新疆维吾尔自治区博尔塔拉蒙古自治州人民检察院督促保护农村妇女土地承包经营权行政公益诉讼案

【关键词】

行政公益诉讼诉前程序　妇女财产权益　土地承包经营权　综合治理

【要旨】

针对基层政府违法收回“外嫁女”土地、侵害农村妇女土地承包经营权的情形，检察机关通过公开听证、检察建议等方式，督促基层政府及相关业务主管部门履行主体责任，通过个案办理推动类案监督，切实解决辖区内类似侵犯妇女合法权益问题。

【基本案情】

新疆维吾尔自治区博尔塔拉蒙古自治州（以下简称博州）温泉

县甲镇某村村民周某兰、周某红分别于1987年2月、1989年1月外嫁至博州博乐市乙镇，并将户口随迁至该镇。户籍迁出后，甲镇人民政府遂将二人享有的土地承包经营权收回（每人7.2亩，共计14.4亩），而乙镇人民政府未向周某兰、周某红分配相应土地。二人为此多次向甲镇、乙镇、温泉县农业农村部门反映归还土地承包经营权事宜，一直未得到有效解决。

【调查和督促履职】

2020年12月15日，博州人民检察院（以下简称博州院）12309检察服务热线接到周某兰、周某红救助申请，控申部门将案件线索移交公益诉讼检察部门办理。博州院利用一体化办案机制，将该案线索交温泉县人民检察院（以下简称温泉县院）初查。经初步查明，2020年9月3日，温泉县农业农村部门针对周某兰、周某红反映事项，认定甲镇政府依据其制定的《关于进一步深化农村改革实施“五统一”服务的意见》，收回二人土地承包经营权，违反了农村土地承包法的相关规定，并将该事项交由甲镇政府依法予以妥善处理。2021年2月8日，甲镇政府作出维持收回周某兰、周某红土地承包经营权的意见。同时，温泉县院还发现其他乡镇也存在类似情况，涉及“外嫁女”百余人。2021年11月26日，经报上级检察机关同意，博州院针对上述可能侵害农村妇女土地承包经营权的情形以行政公益诉讼立案办理。

2021年12月13日，博州院组织博州和温泉县两级农业农村局、温泉县人民政府、甲镇政府、乙镇政府召开公开听证会，并邀请博州人大代表、人民监督员参加，博州纪委监委、妇女联合会（以下简称妇联）、司法局、信访局等部门列席。听证会上，博州妇联表示，妇女和男子享有平等的权利，“外嫁女”的土地承包经营权应予以保护。博州纪委监委表示，行政机关应依法行政，不能因为案涉问题涉及面广、涉及人数众多就久拖不决，损害当事人合法权益。人大代表认为，检察机关召开听证会非常有必要，对职能部门未能依法履职的情形应当依法监督。经听证代表合议，一致认为收回“外嫁女”土地承包经营权的行为侵害了妇女的合法权益，应予纠正。听证会结束后，博州院分别向甲镇政府、博州农业农村局发出诉前检察建议，建议甲镇政府纠正违法行为；建议博州农业农村局开展专项调查，对辖区内类似情况全面摸排，并加强与相关职能部门沟通协调，解决类似历史遗留问题，做好妇女权益保护工作。

收到检察建议后，博州农业农村局、甲镇政府积极履职，并及时与当事人沟通协商。在双方当事人的申请下，检察机关分别于2021年12月17日和27日组织两次案件协调会，推动解决周某兰、周某红反映的问题。博州农业农村局开展专项调查，经全面摸排分析，决定将类似问题引导启动仲裁程序。经协商，甲镇政府返还周某兰、周某红原一轮承包土地，并逐年支付该土地统一发包的承包费用，其间土地由甲镇某村实行规模化连片经营管理，周某兰、周某红享有土地的收益和流转等权益。同时，甲镇政府废止《关于进一步深化农村改革实施“五统一”服务的意见》。

【典型意义】

《妇女权益保障法》《农村土地承包法》明确规定，妇女依法平等享有承包土地的各项权益，任何村（居）民自治条例、决议等地方性政策规定，都应当依法制定，不得违法剥夺妇女合法权益。本案中，周某兰、周某红等“外嫁女”在未获得嫁入地分配土地之前，原户籍地基层政府收回土地承包经营权的行为，侵害了妇女的合法权益。检察机关依法能动履职，以公开听证、检察建议、沟通协商等方式督促地方政府及相关部门依法履职，对涉及的地方政府规范性文件予以废止，并推动了区域内同类问题的综合治理，起到了“办理一案、治理一片”的效果，有效维护了农村妇女合法权益。

江苏省宝应县人民检察院督促落实涉家庭暴力妇女强制报告行政公益诉讼案

【关键词】

行政公益诉讼诉前程序　家庭暴力　妇女生命健康权益　医疗机构强制报告义务

【要旨】

针对医疗机构未履行发现民事行为能力受限妇女遭受或疑似遭受家庭暴力的报案义务，且行政机关存在监管缺失，致使受家暴妇女权益被侵害的情形，检察机关可以积极稳妥开展公益诉讼，督促、协同相关责任主体履职尽责，推动构建联防联动的涉家庭暴力妇女保护体系。

【基本案情】

2020年6月24日，江苏省宝应县金某某亲属至宝应县妇女联合会（以下简称妇联）反映，称金某某（智力残疾四级）被丈夫郝某某殴打致伤。医疗机构就诊证明显示：金某某受暴力后全身多处瘀斑、肿胀，诊断病情为“多发性击打伤”。经初步了解，接诊医院发现残障妇女遭受暴力殴打而未报警。进一步调研发现，县域近87%的医疗机构未落实强制报告制度，行政机关监管不到位。

【调查和督促履职】

2021年11月，江苏省宝应县人民检察院（以下简称宝应县院）与县妇联共同开展“消除对妇女家暴、维护妇女权益”专项行动，采用综合调研、数据对比等方式，查阅全县近三年涉妇女家暴样本1000余份，发现存在公安机关处理警情不到位、卫生部门监管不严等问题，排查出“金某某疑遭家暴”等3条重点线索。宝应县院研判后认为，应当发挥检察监督职能作用，督促相关责任主体依法履职。2021年11月11日，宝应县院与公安机关进行磋商，促成其对相关施暴者批评教育或出具告诫书。

宝应县院进一步核查发现，金某某有智力残疾，就诊时医务人员已诊断其因暴力导致多发性击打伤，但医疗机构及人员未履行《反家庭暴力法》等法律规定的报告义务。检察机关经审查认为，县域内多数医疗机构均不知悉对此类情形负有强制报告义务，宝应县卫生健康委员会（以下简称县卫健委）负有监管职责却未采取有效监管措施，侵害了妇女合法权益。2022年2月24日，宝应县院决定以行政公益诉讼立案。

2022年3月1日，宝应县院向县卫健委发出诉前检察建议，建议其履行监督管理职责，依据《反家庭暴力法》第十四条、《江苏省反家庭暴力条例》第二十五条等规定，对涉案医疗机构及医务人员作出相应处理，组织开展专题教育培训和考核检查；建立健全全县医疗机构受家暴妇女接诊处置强制报告工作流程；加强与相关责任单位协作配合，完善联动保护工作机制。

县卫健委收到检察建议后高度重视，立即开展强制报告制度执行情况专项督查，对强制报告执行不力情况予以通报并约谈相关人员；开展类案研判，出台《医疗机构实施侵害未成年人案件和妇女遭受家暴案件强制报告制度工作流程》，并对全县医护人员进行专题培训；召开落实“强制报告”机制圆桌会议，协同宝应县院、妇联、公安、民政等部门，搭建线索移送、信息共享、进度通报、结果汇总的工作平台，覆盖全县19家公立医疗机构、13家民营医疗机构及责任单位。

为进一步强化相关责任主体履职意识，完善反家暴治理机制，宝应县院联合县监察委员会、法院、公安、卫健委、妇联等部门出台《关于在消除对妇女家暴维护妇女权益工作中加强协作的实施意见》，构建受家暴妇女权益一体化保护联盟。同时，针对在跟进监督过程中发现金某某患有智力残疾、离婚后家庭十分困难的情况，宝应县院依据《江苏省反家庭暴力条例》的规定，及时发放司法救助金3000元；针对发现的因政策信息渠道闭塞导致残疾人不能及时享受国家、地方救助的问题，宝应县院与县残疾人联合会、民政等部门沟通，建议开展专项排查。促成责任部门将金某某纳入困难残疾人生活补贴对象，每月发放补贴148元。

【典型意义】

家庭暴力是“社会公害”，需要协同共治。本案中，检察机关加强与妇联协作配合，以个案线索为突破口，通过公益诉讼诉前检察建议，督促行政机关依法履职并落实发现民事行为能力受限妇女遭受或疑似遭受家庭暴力时的强制报告制度。针对地方反家暴治理机制“碎片化”现状，检察机关争取地方党委领导、政府支持，推动建立多职能部门联动协作机制，体现了公益诉讼检察凝聚各方合力、促进系统治理的独特制度价值。

广东省清远市清城区人民检察院督促加强反家庭暴力联动履职行政公益诉讼案

【关键词】

行政公益诉讼诉前程序　家庭暴力　妇女生命健康权益　磋商溯源治理

【要旨】

针对个案中反映出有关部门在开展反家庭暴力工作中惩处、协作等方面的不足，检察机关通过构建上下联动、内外协同的公益诉讼一体化办案格局，灵活采用磋商等办案方式，督促协同相关职能部门依法联动履职，切实保障涉家庭暴力妇女的生命健康权等合法权益。

【基本案情】

2021年9月以来，广东省清远市清城区无业人员李某（化名）因索要钱财未果，多次殴打妻子马某（化名），并通过摔马某手机等方式威胁马某不许向他人求助。马某曾以报警、联系社工等方式向有关部门求助，但有关部门未充分告知其救济途径和权利，对李某以劝解、口头警告为主。马某因长期受到李某的威胁和殴打，为躲避家暴曾与3个女儿短暂露宿街头，身心遭受较大伤害，其合法权益持续处于受侵害状态。

【调查和督促履职】

2022年3月，广东省清远市清城区人民检察院（以下简称清城区院）在履行公益诉讼检察职责中发现本案线索，经逐级请示广东省人民检察院（以下简称广东省院）同意，决定作为行政公益诉讼以事立案。省市县三级院坚持一体化办案，广东省院与省妇女联合会（以下简称妇联）开展座谈听取意见建议，清远市人民检察院

（以下简称清远市院）制定专案推进具体方案，并指导清城区院依法开展调查。清城区院通过走访调查、询问当事人等方式，了解到马某多次向有关部门求助，但有关部门未严格执行《反家庭暴力法》《广东省实施〈中华人民共和国反家庭暴力法〉办法》的相关规定，没有全面依法收集证据，权利告知不充分，联动单位未及时通报、转介、跟进，基层组织未及时排查上报，采取的制约措施力度不足。同时，清城区院通过走访法院、教育、民政、司法、妇联、公安等单位，进一步调查核实辖区内家暴案件情况及相关职能部门履职情况，发现当地存在制发家暴告诫书、给予行政或刑事处罚的案件数量相对偏少，在联动履行反家庭暴力惩处、服务、宣传、监督等职能方面存在堵点，家庭暴力预防工作存在漏洞，以妇女为主的家暴受害人权益保障不充分等问题。

2022 年 7 月 20 日，在前期调查的基础上，清远市院、清城区院组织清城区法院、教育、民政、司法、妇联、公安等单位，召开行政公益诉讼案件磋商座谈会，邀请人民监督员代表参会并发表意见。会议明确了各参会单位的职责分工，对 10 项加强联动的具体举措达成共识。随后，清城区院和区妇联牵头组织公安机关、属地政府工作人员，上门听取马某诉求，共同协调处置方案。公安机关重新跟进并全面收集家暴证据，依法对施暴者予以训诫，民政部门安排社工对受害人进行心理辅导，清城区院联合区妇联对马某母女实施司法救助。目前，马某一家已回归平静生活，李某与其共同经营水果摊，未再发生家暴事件。

为进一步深化办案效果、建立长效机制，清远市院与市妇联签订妇女权益保障公益诉讼协作机制，清城区院和区妇联牵头组织相关单位举办反家庭暴力妇女权益保障联动履职沙龙。清城区妇儿工委牵头完成了《清城区家庭暴力案件处置工作联动机制》的修订工作，搭建了法院等 7 个单位的联动履职信息共享平台；清远市公安局清城分局出台了处置家庭暴力警情工作规范和反家庭暴力“九个一”工作方案。清城区妇联牵头各职能部门完善反家庭暴力工作实施方案，建立集预防、处置、救助为一体的家暴案件绿色通道。

【典型意义】

妇女是家庭暴力的主要受害群体之一。《国家人权行动计划（2021—2025 年）》明确提出，对不履行预防和制止家庭暴力职责等侵害不特定多数妇女合法权益、损害社会公共利益的行为，检察机关可以发出检察建议或提起公益诉讼。本案中，针对当地反家庭暴力工作存在的“九龙治水”问题，检察机关探索通过公益诉讼以“我管”促“都管”，主动与妇联组织加强协作，共同推动相关职能部门联动履职，促进形成整体联动、齐抓共管的反家庭暴力工作格局，营造了全社会反家庭暴力、维护妇女权益的良好氛围。

浙江省嘉善县人民检察院督促保护妇女隐私权益行政公益诉讼案

【关键词】

行政公益诉讼诉前程序　公共场所　妇女隐私权益　公开听证　跟进监督

【要旨】

针对公共场所中更衣室、卫生间等私密区域违法安装监控设备，侵犯妇女隐私权益的问题，检察机关依法履行公益诉讼检察职能，运用公开听证、检察建议、联席会议等方式，开展全过程、跟进式监督，建立常态化协作机制，深入推进公共场所妇女隐私权益专项保护，织密织牢妇女合法权益防护网。

【基本案情】

2013 年至 2022 年 3 月，浙江省嘉善县某公司在女性员工不知情的情况下，在女更衣室内安装监控摄像头，并通过公共大厅监控显示屏实时显示更衣画面。因监控摄像头安装在更衣室角落隐蔽处，部分女性员工就职时间较短未及发现便已离职，部分女性员工心存顾虑选择沉默，负有监管责任的行政机关在日常检查中更多关注场所公共安全。近十年间，公司数百名女性员工更衣过程被摄像头拍摄记录并在公共区域显示，严重侵犯妇女隐私权。

【调查核实和督促履职】

2022 年 2 月，浙江省嘉善县人民检察院（以下简称嘉善县院）在办理杨某某涉嫌盗窃案中发现，作为证据移送的视听资料来源于嘉善某公司安装在女性员工更衣室内的视频监控。该院公益诉讼检察部门收到线索后立即开展调查，经调查查明，该公司于 2013 年将带有储物功能的房间用作女性员工更衣室，因员工流动性较大，出于治安安全考虑，在未事先征得女性员工同意的情况下，在该更衣室角落处安装了监控摄像头，事后亦未告知女性员工。该视频监控画面与其他开放区域的监控画面均在人流量较大的休息大厅显示屏上实时切换显示，女性更衣全过程被清晰记录，妇女隐私权持续受到侵害。另调查发现，辖区内多处公共场所均未将监控设置情况进行备案，相关职能部门对公共场所监控设备安装管理存在监管盲区。

2022 年 3 月 4 日，嘉善县院召开公开听证会，邀请公安机关、文旅部门等相关部门代表，以及人大代表、政协委员等 5 名听证员，就公共场所妇女隐私权保护中行政主管部门职责划分、检察监督依据、如何跟进监督等问题开展讨论。听证员一致认为，在女性私密更衣场所安装监控的行为已严重侵害妇女合法权益，行政主管部门需加强常态化监管，检察机关有必要跟进监督。同日，嘉善县院向相关行政机关制发诉前检察建议，督促其对辖区内公共场所中涉及个人私密活动的区域进行排查，同时建议由相关部门明确向社会公布禁止安装监控设备的场所和区域，杜绝类似违法行为再次发生。

2022 年 4 月 29 日，相关行政机关作出书面回复，表示已按照检察建议内容依法履职，拆除涉案公司违法监控摄像设备，并对县域范围内所有公共场所监控设备安装情况开展了为期两周的专项检查。6 月 2 日，嘉善县院牵头县妇女联合会（以下简称妇联）、县总工会、县公安局等十部门召开全县妇女权益保护工作联席会议，对县域内 80 余处公共场所妇女隐私权益保护情况开展“回头看”，发现侵犯隐私权线索 2 条，均及时移送行政机关查处，实现了以点带面、全面监督的效果。6 月 9 日，嘉善县院与县妇联会签《关于建立公益诉讼配合协作机制》，构建信息共享、线索移送等八个方面妇女权益协作保护体系，实现专业化办案与社会保护的有效衔接。

【典型意义】

随着社会管理数字化、智能化水平的提升，企业、商场等公共场所安装监控设备的情况已十分普遍，公共场所隐私权益问题日益受到关注和重视。本案中，检察机关主动关注妇女权益保护的盲点和难点，精准把握“公共安全”与“隐私权保护”之间的平衡点，充分发挥行政公益诉讼诉前检察建议等职能作用，督促相关部门依法履职尽责。同时，注重整合人大代表、政协委员、行政机关、社会组织等多方面力量，全方位促进公共场所妇女隐私权益保护协同共治，切实增强广大妇女的幸福感、安全感。

最高人民检察院关于印发依法惩治家庭暴力犯罪典型案例的通知

（2021 年 4 月 28 日）

各级人民检察院：

为进一步引导检察机关依法妥善办理家庭暴力犯罪案件，推动开展反家庭暴力宣传教育，促进建立平等、和睦、文明的家庭关系，维护社会和谐稳定，现将张某某虐待案等六件依法惩治家庭暴力犯罪典型案例印发你们，供办案时参考借鉴。

案例一：张某某虐待案

【基本案情】

被告人张某某，男，1979 年 1 月出生。

被害人李某某，女，殁年 41 岁。

二人 2004 年底结婚。张某某酗酒后经常因李某某婚前感情问题对其殴打，曾致李某某受伤住院、跳入水塘意图自杀。

2020 年 2 月 24 日凌晨 3 时左右，张某某酗酒后在家中再次殴打李某某，用手抓住李某某头发，多次打其耳光，用拳头击打其胸部、背部。李某某被打后带着儿子前往其父亲李某华家躲避，将儿子放在父亲家后，在村西侧河道内投河自杀。后村民发现李某某的尸体报警。经鉴定，李某某系溺水致死。

山东省平原县公安局于 2020 年 2 月 24 日立案侦查，3 月 9 日移送检察机关审查起诉。

2020年3月11日，山东省平原县人民检察院以涉嫌虐待罪对张某某决定逮捕，4月9日，对其提起公诉。

2020年8月28日，山东省平原县人民法院以虐待罪判处张某某有期徒刑六年。一审宣判后，张某某未上诉。

【检察机关履职情况】

（一）介入侦查，引导取证。因张某某在村外居住，村民对李某某是否被殴打不知情，张某某的父母也有包庇思想，被害人尸体无明显外伤，侦查初期证据收集较困难。检察机关介入侦查后，提出以殴打持续时间较长、次数较多作为取证方向。侦查机关根据李某某曾被殴打住院的线索，调取李某某就诊的书证，李某某的父亲、母亲、儿子、医生的证言等证据，证实张某某多次殴打李某某的事实。

（二）自行侦查，完善证据。审查起诉阶段，张某某辩解虽殴打过李某某，但李某某系迷信寻死，其殴打行为不是李某某自杀原因。检察机关开展自行侦查：一是询问李某某父亲，证实李某某案发当日口唇破裂、面部青肿；二是讯问张某某、询问李某某的儿子，证实李某某自杀前流露出悲观厌世的想法，被殴打后精神恍惚；三是询问张某某父母，因张某某被取保候审后殴打其父母，其父母不再包庇如实作证，证实张某某酗酒后经常殴打李某某。

（三）开展救助，解决当事人未成年子女生活问题。案发后，父亲被羁押，母亲离世，被害人未成年儿子生活无着。检察机关派员多次看望，为其申请司法救助，并向民政部门申请社会救助，使其基本生活得到保障。同时，依托省检察院与省妇联保护妇女儿童权益工作合作机制，经多方共同努力，使其进入职业技术学校学习劳动技能。

【典型意义】

（一）介入侦查、自行侦查，提升办案质效。发生在家庭成员间的犯罪，往往存在取证难、定性难等问题。检察机关通过介入侦查、自行侦查，围绕虐待持续时间和次数、虐待手段、造成的后果以及因果关系等取证，从源头提高办案质量。

（二）准确适用虐待罪“致使被害人重伤、死亡”情节。“两高两部”《关于依法办理家庭暴力犯罪案件的意见》规定，因虐待致使被害人不堪忍受而自残、自杀，导致重伤或者死亡的，属于刑法第二百六十条第二款规定的虐待“致使被害人重伤、死亡”。

（三）延伸检察职能，关爱家暴案件中的未成年子女。夫妻间发生的虐待案件，一方因虐待致死，一方被定罪服刑，往往造成其未成年子女精神创伤、失管失教、生活困难。检察机关办案过程中，注重协同相关部门和社会力量，对未成年人提供心理辅导、家庭教育指导、经济帮扶等，助力未成年人健康成长。

案例二：胡某某虐待案

【基本案情】

被告人胡某某，女，1989 年 11 月出生。

被害人曹某某，女，殁年 6 岁，系胡某某次女。

曹某某生前主要跟爷爷奶奶生活，后因上学搬来与母亲同住。2019 年 2 月至 4 月间，胡某某照顾曹某某日常生活、学习中，经常因曹某某“尿裤子”“不听话”“不好好写作业”等以罚跪、“蹲马步”等方式体罚曹某某，并多次使用苍蝇拍把手、衣撑、塑料拖鞋等殴打曹某某。

2019 年 4 月 2 日早 7 时许，胡某某又因曹某某尿裤子对其责骂，并使用塑料拖鞋对其殴打，后胡某某伸手去拉曹某某，曹某某后退躲避，从二楼楼梯口处摔下，经抢救无效当日死亡。经检验，曹某某头部、面部、背臀部、胸腹部及四肢等多处表皮剥脱、伴皮下出血。其中，右大腿中段前侧两处皮肤缺损，达到轻伤二级程度。

河南省淮滨县公安局于2019年4月3日立案侦查，6月17日移送检察机关审查起诉。

2019年9月6日，淮滨县人民检察院以胡某某涉嫌虐待罪提起公诉。

2020年1月6日，淮滨县人民法院以虐待罪判处胡某某有期徒刑四年六个月。一审宣判后，胡某某未上诉。

【检察机关履职情况】

（一）提前介入，引导侦查。检察机关第一时间介入侦查提出建议：一是全面提取案发现场的客观性证据，如拖鞋、苍蝇拍等，以印证胡某某的供述；二是围绕死者生活、学习轨迹，走访学校、亲属等，查明死者案发前生活、学习及平时被虐待的情况；三是通过尸检报告、伤情鉴定、理化检验报告等，查明死者损伤原因及死因。经侦查查明胡某某虐待致曹某某周身多处损伤、死亡的犯罪事实。

（二）准确适用法律，充分释法说理。被害人的父亲曹某飞及其他近亲属提出，曹某某是被伤害致死，为此多次上访。检察机关就定性、法律适用问题开展听证，邀请曹某某的近亲属、人大代表、政协委员、人民监督员、律师代表等参与。检察机关对胡某某的行为性质及可能受到的处罚进行了论证说理。通过听证，曹某某的近亲属对检察机关的意见表示理解、认同。

（三）推动制度落实，形成保护合力。检察机关以本案为契机，结合近五年辖区内发生的侵害未成年人刑事案件调研分析，针对相关部门在落实强制报告制度过程中的薄弱环节，向相关部门发出检察建议。在检察机关推动下，由政法委牵头，检察机关联合公安、教育、民政等部门建立预防侵害未成年人权益联席会议制度，有效筑牢未成年人权益保护的“防护墙”。

【典型意义】

（一）通过引导取证，查清事实准确定性。未成年人的监护人在较长一段时期内持续殴打、体罚子女，情节恶劣的，应当依法以虐待罪定罪处罚。检察机关通过介入侦查，引导侦查机关在案发初期及时固定证据，为案件性质认定筑牢事实、证据基础。

（二）准确区分故意伤害致人死亡、虐待致人死亡、意外事件的界限。根据“两高两部”《关于依法办理家庭暴力犯罪案件的意见》规定，被告人主观上不具有侵害被害人健康或者剥夺被害人生命的故意，而是出于追求被害人肉体和精神上的痛苦，长期或者多次实施虐待行为，逐渐造成被害人身体损害，过失导致被害人重伤或者死亡的，属于虐待“致使被害人重伤、死亡”，应以虐待罪定罪处罚。本案被害人的死亡结果虽然不是虐待行为本身所导致，但被害人的后退躲避行为是基于被告人的虐待行为产生的合理反应，死亡结果仍应归责于被告人，属于虐待“致使被害人重伤、死亡”，不属于意外事件。

（三）注重发挥各方作用，构建联动保护机制。检察机关推动家暴案事件报告制度落实落细，堵塞管理漏洞。加强与相关部门联动，促进完善制度机制，形成司法保护、家庭保护、学校保护、政府保护、社会保护的有效衔接。

案例三：张某某虐待案

【基本案情】

被告人张某某，男，1981 年 6 月出生。

被害人王某某，女，殁年 65 岁，系张某某的母亲。

被告人张某某与父母共同居住。2018 年 5 月 7 日，其母亲王某某因精神疾病发作离家，被张某某及其家人接回家中。同年 5 月 7 日至 5 月 10 日间，张某某因王某某不睡觉多次持木棒打王某某，致其腿部、头部受伤。同月 10 日下午，王某某在家中死亡。张某某的父亲张某品报案。经鉴定，王某某额部擦挫伤、四肢软组织挫伤，属轻微伤，死因系肺动脉栓塞死亡。另查，张某某亦曾多次殴打其父亲。

贵州省织金县公安局于 2018 年 5 月 18 日立案侦查，6 月 25 日移送检察机关审查起诉。

2018 年 9 月 5 日，贵州省织金县人民检察院以张某某涉嫌虐待罪提起公诉。9 月 14 日，织金县人民法院以虐待罪判处张某某有期徒刑一年六个月。一审宣判后，张某某未上诉。

【检察机关履职情况】

（一）完善证据、强化审查，准确认定事实。检察机关派员到案发地走访调查，当地群众反映“王某某被张某某活活打死。”检察机关引导公安机关进一步调查取证，证实张某某在母亲精神病发后未送医，而是持续多天持木棒殴打，造成其轻微伤。检察机关结合张某某供述及证人证言，与鉴定人沟通，咨询法医，确定被告人的虐待行为并非被害人致死原因。最终，检察机关认定被告人的行为构成虐待罪，但不属于虐待“致使被害人死亡”。

（二）听取被害人近亲属意见，开展释法说理。检察机关主动听取死者近亲属张某品的意见，并释明审查认定的事实、证据采信、法律适用等问题，消除其疑惑。宣判后，张某品未提出异议。经回访，张某某刑满释放后，返回家中与其父亲张某品共同居住，未再出现打骂老人的现象。

（三）推动在案发地公开庭审，开展法治宣传。检察机关与法院、当地政府沟通，在案发地公开审理。数百名群众旁听庭审，检察机关结合案件特点阐述了虐待罪的构成、法律适用及本案的警示意义。法院当庭宣判后，群众表示，通过旁听庭审，直观了解了司法机关办案程序，消除了对被害人死因的误解。

【典型意义】

（一）准确把握虐待行为与被害人死亡之间的因果关系。“两高两部”《关于依法办理家庭暴力犯罪案件的意见》规定，因长期或者多次实施虐待行为，逐渐造成被害人身体损害，过失导致被害人死亡的，属于虐待“致使被害人死亡”。被告人虽然实施了虐待行为，但被害人非因上述虐待行为造成死亡，不能认定为因虐待“致使被害人死亡”。

（二）运用事实、证据释法说理，提升司法公信。检察机关主动听取被害人近亲属对案件处理的意见，释明检察机关认定事实、适用法律的依据，让其感受到检察办案的客观公正。

（三）深入落实“谁执法谁普法”责任制。检察机关推动案件到案发地公开庭审，强化以案释法，通过“看得见”“听得到”的普法形式，促进群众学法知法懂法，弘扬尊老美德，普及反家暴知识，增强公民反家暴意识。

案例四：毛某某故意伤害案

【基本案情】

被不起诉人毛某某，女，1994年12月出生。

被害人王某某，男，1981年10月出生。

二人系夫妻，均系聋哑人。王某某酗酒，经常酒后打骂毛某某。

2019年6月25日中午，王某某得知毛某某将自己被打的事情告诉了朋友，说晚上回家要砍断毛某某的脚。于是，毛某某买了一把刀，藏在卧室衣柜内。当晚，王某某回家后在客厅一边喝酒一边打毛某某，并将菜刀放到饭桌上。后因孩子哭闹，毛某某回卧室哄孩子。王某某酒后进入房间，继续打毛某某，说要用菜刀砍断毛某某的脚，并走出房间拿菜刀。毛某某从衣柜拿出刀向王某某身上乱砍，分别砍在王某某头顶、手臂、腹部等处。王某某夺下刀后，受伤倒地。毛某某到王某某的二姐王某娟家求助，王某娟的丈夫报警。经鉴定，王某某损伤程度为重伤二级，毛某某为轻微伤。

浙江省江山市公安局于2019年6月26日立案侦查，8月6日移送检察机关审查起诉。

2019年12月2日，浙江省江山市人民检察院依据刑事诉讼法第一百七十七条第二款的规定对毛某某作出不起诉决定。

【检察机关履职情况】

（一）全面了解案件情况。检察机关派员多次走访，了解到王某某一家六口生活困难，王某某的父母年迈患病无劳动能力；王某某案发前在当地务工，被砍伤后没有收入；毛某某在家照顾两个孩子，低保补助是家庭主要经济来源。村民反映，王某某经常酒后对毛某某实施家暴，还多次殴打亲友、邻居，认为毛某某的行为是反抗家暴，希望对其从轻处理。

（二）准确定性，依法妥善处理。检察机关认为，毛某某面对现实、紧迫的人身危险取刀反击，属于正当防卫，虽事先准备刀具，但不影响防卫性质。王某某徒手殴打，实施的是一般暴力行为，虽声称要拿菜刀砍毛某某，但在尚未使用可能危及生命或可能造成重伤的工具或高强度手段时，毛某某用刀砍王某某，其防卫手段及损害后果与不法侵害明显失衡，属于防卫过当。鉴于本案系家庭矛盾引发，毛某某有自首情节，依法决定对毛某某不起诉。

（三）开展司法救助和跟踪回访。针对王某某一家经济困难情况，检察机关为其申请司法救助，并与村委会沟通，由村委会监督司法救助款的使用，以管束王某某不再实施家暴。作出不起诉决定后，检察机关对二人进行动态跟踪教育，经回访，王某某未再对毛某某实施家暴。

【典型意义】

（一）正确认定因家庭暴力引发的故意伤害犯罪与正当防卫。“两高两部”《关于依法办理家庭暴力犯罪案件的意见》规定，为使本人或者他人的人身权利免受不法侵害，对正在进行的家庭暴力采取制止行为，符合刑法第二十条第一款规定的，应当认定为正当防卫。防卫行为明显超过必要限度，造成施暴人重伤、死亡的，属于防卫过当，应当负刑事责任，但应当减轻或者免除处罚。是否“明显超过必要限度”，应当以足以制止并使防卫人免受家庭暴力不法侵害的需要为标准，根据施暴人正在实施家庭暴力的严重程度、手段的残忍程度，防卫人所处的环境、面临的危险程度、采取的制止暴力手段、造成施暴人重大损害的程度，以及既往家庭暴力的严重程度等综合判断。

（二）妥善把握家庭暴力引发刑事案件的特殊性。家暴引发的刑事案件不同于其他案件，有家庭因素牵涉其中，要兼顾维护家庭稳定、修复被损坏的家庭关系、尊重被害人意愿。对犯罪嫌疑人具有防卫性质、自首等法定情节，获得被害人谅解的，可以依法从宽处理。

（三）依法履行司法救助职能。对符合司法救助条件的，检察机关要积极开展司法救助，彰显司法人文关怀，帮助被救助人解决面临的生活困难、安抚心灵创伤，避免“因案致贫”“因案返贫”，促进家庭、社会和谐稳定。

案例五：武某某、陈某某、傅某某故意杀人案

【基本案情】

被告人武某某，女，1971年7月出生，系被害人之妻。

被告人陈某某，男，1996年5月出生，系被害人女婿。

被告人傅某某，女，案发时17周岁，系被害人之女。

被害人傅某明，男，殁年54岁。

武某某与傅某明系夫妻，二人生育一女（案发时6周岁）。傅某明与前妻养育一女傅某某。傅某某与陈某某生育一女（案发时3个月）。上述6人共同生活。

傅某明酗酒后经常打骂家人。2010年，傅某明和武某某结婚，婚后仍经常酗酒、打骂武某某，社区民警、村干部曾多次前往劝解。

2018年7月5日21时许，傅某明在家中酗酒，与武某某、傅某某发生争吵，并欲打傅某某，被陈某某挡下。傅某明到厨房拿起菜刀欲砍傅某某，陈某某在阻拦过程中被傅某明划伤手臂。傅某

某、陈某某、武某某合力将傅某明按倒将刀夺下。武某某捡起半截扁担击打傅某明头部，致傅某明昏倒。傅某明清醒后往屋外逃跑，并大声呼救。武某某担心日后被继续施暴，遂提议将傅某明抓住打死。傅某某与陈某某一同追出，将傅某明按倒，武某某从家里拿出尼龙绳套在傅某明脖子上，勒颈后松开，见傅某明未断气，要求陈某某、傅某某帮忙拉绳直至傅某明断气。武某某让傅某某报警，三人在家等待，到案后如实供述罪行。经鉴定，傅某明系他人勒颈窒息死亡。

2018 年 7 月 6 日，四川省泸县公安局以武某某、陈某某、傅某某涉嫌故意杀人罪移送检察机关审查起诉。

2018 年 11 月 22 日，四川省泸县人民检察院以涉嫌故意杀人罪对三被告人提起公诉。

2019 年 4 月 1 日，四川省泸县人民法院以故意杀人罪判处武某某有期徒刑五年，判处陈某某有期徒刑三年二个月，判处傅某某有期徒刑三年，缓刑四年。一审宣判后，三被告人均未上诉。

【检察机关履职情况】

（一）落实宽严相济刑事政策，依法适用认罪认罚从宽制度。傅某某作案时系未成年人，具有自首、从犯情节，且处于哺乳期，家中有 3 个月的女儿和 6 岁的妹妹需照顾，检察机关介入侦查后建议公安机关对其采取非羁押性强制措施。审查起诉阶段，武某某担心家中孩子无人照料意图包揽全部罪责，检察机关释法说理，使武某某放下思想包袱，如实供述犯罪事实。同时，联系法律援助机构为三被告人指定辩护人，保障辩护权。检察机关认为，本案是典型的家暴被害人因不堪忍受家暴杀死施暴者的刑事案件，傅某明有重大过错，结合三被告人的自首、从犯、未成年等量刑情节，听取被告人及其辩护人意见后，对武某某提出有期徒刑五年至八年的量刑建议，对陈某某提出有期徒刑三年至五年的量刑建议，对傅某某提出有期徒刑三年、缓刑四年的量刑建议。

（二）协同各方力量，妥善解决被告人服刑期间家庭问题。检察机关利用专业力量对未成年被告人傅某某及妹妹进行心理辅导，修复突发暴力事件造成的心理创伤。同时，发放司法救助金，联系镇村将其列为最低生活保障对象，并联系一位志愿者，为他们提供长期物质帮助，联系教育部门解决幼儿异地就学问题。

（三）利用公开庭审，开展反家暴普法宣传。检察机关与县妇联共同开展“以案说法，维护妇女权益”普法，在法院配合下，邀请县妇联、镇村妇联维权干部旁听武某某、陈某某案庭审。同时，检察机关与妇联会签文件，加强协作配合，共同推动妇女维权工作的开展。

【典型意义】

（一）依法妥善办理家庭暴力引发的刑事案件。“两高两部”《关于依法办理家庭暴力犯罪案件的意见》规定，对长期遭受家庭暴力后，在激愤、恐惧状态下为防止再次遭受家庭暴力，或者为摆脱家庭暴力而故意杀害、伤害施暴人，被告人的行为具有防卫因素，施暴人在案件起因上具有明显过错或者直接责任的，可以酌情从宽处罚。

（二）注重研究解决案件衍生的社会问题。因家暴引发的刑事案件中，家庭成员或致伤、致死，或入狱服刑，家中多出现需要被抚养、赡养的人失去生活来源或无人照料。检察机关积极与村（居）委会、民政、教育等部门对接，通过司法救助、社会帮扶、心理疏导等，妥善解决涉案家庭生活保障、监护保障、教育保障问题。

（三）通过以案释法，增强全民法治观念。检察机关注重在办案中普法，组织旁听庭审，将符合公开条件的庭审作为法治宣传公开课，教育公民尊法、学法、守法、用法，充分发挥“办理一个案件、警示教育一片”的作用。

案例六：杨某某故意伤害案

【基本案情】

被不起诉人杨某某，女，1973 年 3 月出生。

被害人朱某某，男，1970 年 6 月出生。

二人 1995 年结婚后，因朱某某赌博及赡养老人等问题时常吵架，朱某某多次殴打杨某某。杨某某也多次提出离婚，并于 2020 年 7 月向法院起诉离婚，后经调解撤诉。

2019 年 1 月 8 日 23 时许，杨某某怀疑朱某某给其他女性发暧昧短信，二人在家中再次发生争执，杨某某用菜刀将朱某某左手手指砍伤，经鉴定为轻伤二级。

2020 年 8 月 14 日，朱某某报案，公安机关对杨某某故意伤害案立案侦查，9 月 30 日将杨某某逮捕。

2020 年 10 月 19 日，云南省会泽县公安局将杨某某故意伤害案移送检察机关审查起诉。

云南省会泽县人民检察院审查后，于 2020 年 11 月 18 日，依据刑事诉讼法第一百七十七条第二款，对杨某某作出不起诉决定。

【检察机关履职情况】

（一）查清事实，开展羁押必要性审查。在审查逮捕阶段，因杨某某不认罪，检察机关作出批准逮捕决定。审查起诉阶段，通过检察机关释法说理，杨某某自愿认罪认罚。检察机关进行羁押必要性审查，认为对杨某某无继续羁押的必要，依法变更强制措施为取保候审。

（二）组织公开听证，听取各方意见。检察机关认为，本案系家庭矛盾激化引发，杨某某自愿认罪认罚，取得被害人谅解，考虑到家暴因素牵涉其中，且二人婚姻关系紧张，为依法妥善处理本案，遂邀请人大代表、政协委员、人民监督员，在朱某某、杨某某和二人的女儿在场下对拟不起诉公开听证，听取各方意见。双方均表示接受处理意见并妥善处理婚姻问题。

（三）进行回访，加强反家暴延伸工作。检察机关根据办案中反映出的朱某某家暴行为，对朱某某进行训诫，朱某某表示愿意积极改善家庭关系。检察机关作出不起诉决定后，通过回访提示杨某某，如再次遭受家暴，要留存、收集证据并及时报案。

【典型意义】

（一）对因遭受家暴而实施的伤害犯罪要坚持依法少捕慎诉理念。在犯罪嫌疑人的犯罪行为与其长期遭受家暴的事实密不可分的情况下，检察机关不能简单批捕、起诉，要全面细致审查证据，查清案件事实、起因，充分考虑其长期遭受家暴的因素。

（二）注意听取当事人意见。“两高两部”《关于依法办理家庭暴力犯罪案件的意见》规定，办理家庭暴力犯罪案件，既要严格依法进行，也要听取当事人双方的意见，尊重被害人的意愿。在采取刑事强制措施、提起公诉时，更应充分听取被害人意见，依法作出处理。

（三）注重犯罪预防工作。对家庭暴力的施暴者可以运用训诫等措施，责令施暴人保证不再实施家庭暴力。对家暴的受害者可以加强举证引导，告知其必要时可以根据《反家庭暴力法》的规定向法院申请人身安全保护令。

最高人民法院发布人身安全保护令十大典型案例

（2020年11月25日）

目　录

案例一：陈某申请人身安全保护令案

【基本案情】

申请人陈某（女）与被申请人段某某系夫妻关系。双方婚后因工作原因分居，仅在周末、假日共同居住生活，婚初感情一般。段某某常为日常琐事责骂陈某，两人因言语不合即发生争吵，撕扯中互有击打行为。2017年5月5日，双方因琐事发生争吵厮打，陈某在遭段某某拳打脚踢后报警。经汉台公安分局出警处理，决定给予段某某拘留10日，并处罚款500元的行政处罚。因段某某及其父母扬言要在拘留期满后上门打击报复陈某及其父母，陈某于2017年5月17日起诉至汉中市汉台区人民法院，申请人民法院作出人身保护裁定并要求禁止段某某对其实施家庭暴力，禁止段某某骚扰、跟踪、接触其本人、父母。

【裁判结果】

陕西省汉中市汉台区人民法院裁定：一、禁止段某某对陈某实施辱骂、殴打等形式的家庭暴力；二、禁止段某某骚扰、跟踪、接触陈某及其相关近亲属。如段某某违反上述禁令，视情节轻重处以罚款、拘留；构成犯罪的，依法追究刑事责任。

【典型意义】

因段某某尚在拘留所被执行拘留行政处罚，汉台区人民法院依法适用简易程序进行缺席听证，发出人身安全保护令。办案法官充分认识到家庭暴力危害性的特点，抓紧时间审查证据，仔细研究案情，与陈某进行了面谈、沟通，获知她本人及其家属的现状、身体状况、人身安全等情况，准确把握针对家庭暴力的行为保全申请的审查标准，简化了审查流程，缩短了认定的时间，依法、果断作出裁定，对受暴力困扰的妇女给予了法律强而有力的正义保护。陈某为家暴受害者如何申请人身安全保护令作出了好的示范，她具有很强的法律、证据意识，在家庭暴力发生后及时报警、治疗伤情，保证自身人身安全，保存各种能够证明施暴行为和伤害后果的证据并完整地提供给法庭，使得办案法官能够快速、顺利地在申请当日作出了民事裁定，及时维护了自己的权益。

案例二：赵某申请人身安全保护令案

【基本案情】

申请人赵某（女）与被申请人叶某系夫妻关系，因向法院提起离婚诉讼，叶某通过不定时发送大量短信、辱骂、揭露隐私及暴力恐吓等形式进行语言威胁。自叶某收到离婚诉讼案件副本后，恐吓威胁形式及内容进一步升级，短信发送频率增加，总量已近万条，内容包括“不把你全家杀了我誓不为人”、“我不把你弄死，我就对不起你这份起诉书”、“要做就做临安最惨的杀人案”等。赵某向法院申请人身安全保护令。案件受理后，因叶某不配合前往法院，承办人与叶某电话沟通。叶某在电话中承认向赵某发送过大量短信，并提及已购买刀具。

【裁判结果】

浙江省临安市人民法院裁定：禁止叶某骚扰、跟踪、接触赵某及其父母与弟弟。

【典型意义】

本案是一起因被申请人实施精神暴力行为而作出人身安全保护令的案件。《反家庭暴力法》第二条规定，本法所称家庭暴力，是指家庭成员之间以殴打、捆绑、残害、限制人身自由以及经常性谩骂、恐吓等方式实施的身体、精神等侵害行为。因此，被申请人虽然未实施殴打、残害等行为给申请人造成肉体上的损伤，但若以经常性谩骂、恐吓等方式实施侵害申请人精神的行为，法院亦将对其严令禁止，对申请人给予保护。

案例三：周某及子女申请人身安全保护令案

【基本案情】

申请人周某（女）与被申请人颜某经调解离婚后，三名未成年子女均随周某生活。然而每当颜某心情不好的时候，便不管不顾地到周某家中骚扰、恐吓甚至殴打周某和三个孩子，不仅干扰了母子四人的正常生活，还给她们的身心造成了极大的伤害。周某多次报警，但效果甚微，派出所的民警们只能管得了当时，过不了几日，颜某依旧我行我素，甚至变本加厉地侵害母子四人的人身安全，连周某的亲友都躲不过。周某无奈之下带着三名子女诉至法院，请求法院责令颜某禁止殴打、威胁、骚扰、跟踪母子四人及其近亲属。

【裁判结果】

江苏省连云港市海州区人民法院裁定：一、禁止颜某对周某及三名子女实施家庭暴力；二、禁止颜某骚扰、跟踪、接触周某母子四人及其近亲属。

【典型意义】

本案系一起针对“离婚后家暴”发出人身安全保护令的典型案例。反家庭暴力法，顾名思义适用于家庭成员之间，现有法律对家庭成员的界定是基于血亲、姻亲和收养关系形成的法律关系。除此之外，《反家庭暴力法》第三十七条中明确规定“家庭成员以外共同生活的人之间实施的暴力行为，参照本法规定执行”，意味着监护、寄养、同居、离异等关系的人员之间发生的暴力也被纳入到家庭暴力中，受到法律约束。

案例四：李某、唐小某申请人身安全保护令、变更抚养权案

【基本案情】

申请人李某（女）与被申请人唐某原系夫妻关系，2008 年协议离婚，婚生子唐小某由唐某抚养。唐某自 2012 年以来多次对唐小某实施家暴，导致唐小某全身多处经常出现瘀伤、淤血等被打痕迹，甚至一度萌生跳楼自寻短见的想法。李某得知后曾劝告唐某不能再打孩子，唐某不听，反而威胁李某，对唐小某的打骂更甚，且威胁唐小某不得将被打之事告诉外人，否则将遭受更加严厉的惩罚。李某向公安机关报案，经医院检查唐小某不但身上有伤，并且得了中度抑郁症和焦虑症。李某、唐小某共同向法院申请人身安全保护令，诉请法院依法禁止唐某继续施暴，同时李某还向法院提起了变更唐小某抚养权的诉讼。

【裁判结果】

广西壮族自治区柳州市柳北区人民法院裁定：一、禁止唐某对李某、唐小某实施谩骂、侮辱、威胁、殴打；二、中止唐某对唐小某行使监护权和探视权。

【典型意义】

由于法治意识的薄弱，不少家庭对孩子的教育依旧停留在“三天不打，上房揭瓦”这种落后的粗放式教育方法上，很大程度上会对孩子心智的健康发育，造成伤害且留下难以抹去的阴影。本案中，在送达人身安全保护令时，家事法官还建议警方和社区网格员，不定期回访李某、唐小某母子生活状况，及时掌握母子生活第一手资料，确保母子日常生活不再受唐某干扰。通过法院对人身安全保护令的快速作出并及时送达，派出所和社区的通力协执，及时帮助申请人恢复安全的生活环境，彰显了法院、公安、社区等多元

化联动合力防治家庭暴力的坚定决心。

案例五：朱小某申请人身安全保护令案

【基本案情】

朱小某（10岁）与父亲朱某（被申请人）、继母徐某（被申请人）共同生活。朱某和徐某常常以“教育”的名义对朱小某进行殴打，树棍、尺子、数据线等都成为体罚朱小某的工具。日常生活中，朱小某稍有不注意，就会被父母打骂，不管是身上还是脸上，常常旧痕未愈，又添新伤。长期处于随时面临殴打的恐惧中，朱小某身心受到严重伤害。区妇联在知悉朱小某的情况后，立即开展工作，向法院提交派出所询问笔录、走访调查材料、受伤照片等家暴证据，请求法院依法发出人身安全保护令。

【裁判结果】

江苏省连云港市赣榆区人民法院裁定：一、禁止朱某、徐某对朱小某实施家庭暴力；二、禁止朱某、徐某威胁、控制、骚扰朱小某。

【典型意义】

孩子是父母生命的延续，是家庭、社会和国家的未来。作为孩子的法定监护人，父母或是其他家庭成员应为孩子营造良好的成长氛围，以恰当的方式引导和教育孩子，帮助孩子树立正确的人生观和价值观。本案中，朱小某的父母动辄对其谩骂、殴打、体罚，对孩子造成严重的身心伤害，给其童年留下暴力的阴影。法院作出人身安全保护令之后，立即送达被申请人、辖区派出所、居委会及妇联，落实保护令监管事项，并专门与被申请人谈话，对其进行深刻教育，同时去医院探望正在接受治疗的朱小某。法院和妇联对朱小某的情况保持密切关注，及时进行必要的心理疏导，定期回访，督促朱某、徐某切实履行监护职责，为孩子的成长营造良好环境。

《反家庭暴力法》第二十三条第二款规定，当事人是无民事行为能力人、限制民事行为能力人，或者因受到强制、威吓等原因无法申请人身安全保护令的，其近亲属、公安机关、妇女联合会、居民委员会、村民委员会、救助管理机构可以代为申请。随着反家暴工作的不断深入，对于自救意识和求助能力欠缺的家暴受害人，妇联等职能机构代为申请人身安全保护令的案件越来越多。勇于对家暴亮剑，已经成为全社会的共同责任。法院、公安、妇联、社区等部门构建起严密的反家暴联动网络，全方位地为家庭弱势成员撑起“保护伞”。

案例六：林小某申请人身安全保护令案

【基本案情】

申请人林小某（女）与被申请人林某系亲生父女关系，林小某从小跟随爷爷奶奶长大，从未见过母亲。后林小某转学到林某所在地读初中，平时住校，周末与林某一同居住。林小某发现林某有偷看其洗澡并抚摸其身体等性侵害行为，这对林小某的身体、心理等方面造成了严重的伤害。林小某感到害怕不安，周末就到同学家居住以躲避父亲。林某找不到林小某，便到学校威胁和发微信威胁林小某，导致其不敢上晚自习。老师发现并与林小某谈话后，林小某在班主任陪同下报警，配合民警调查，并委托社工组织向法院申请人身安全保护令。

【裁判结果】

广西壮族自治区钦州市钦北区人民法院裁定：一、禁止林某对受害人林小某实施家庭暴力；二、禁止林某骚扰、接触林小某。同时，将人身安全保护令向林小某的在校老师和班主任，林小某和林某居住地的派出所和居委会进行了送达和告知。

【典型意义】

本案中，学校在发现和制止未成年人受到家庭暴力侵害方面发挥了重要作用。公安部门接到受害人报警后，联系了社工组织，为受害人提供心理疏导及法律救助。社工组织接到救助后，第一时间到学校了解情况，为未成年人申请人身安全保护令。法院依法签发人身安全保护令后，林小某也转学同爷爷奶奶一起生活。人民法院在审理相关案件中，主动延伸司法服务，贯彻“特殊保护、优先保护”理念，较好地维护了未成年人的合法权益。

案例七：罗某申请人身安全保护令案

【基本案情】

申请人罗某现年68岁，从未结婚生子，在其27岁时，收养一子取名罗某某，并与其共同生活。期间，罗某某经常殴打辱骂罗某。2019年11月，因琐事，罗某某再次和罗某发生争执，并声称要杀死罗某。罗某害怕遭罗某某殴打，遂向当地村委会反应了上述情况，村委会考虑到罗某年岁已高，行动不便，且受到罗某某的威吓，村委会代罗某向法院申请人身安全保护令。

【裁判结果】

四川省德阳市旌阳区人民法院裁定：一、禁止罗某某对罗某实施家庭暴力；二、责令罗某某搬出罗某的住所。

【典型意义】

当事人因遭受家庭暴力或者面临家庭暴力的现实危险，向人民法院申请人身安全保护令的，人民法院应当受理。当事人是无民事行为能力人、限制民事行为能力，或者因受到强制、威吓等原因无法申请人身安全保护令的，其近亲属、公安机关、妇女联合会、居民委员会、村民委员会、救助管理机构可以代为申请。本案中，由于罗某年岁已高，行动不便，且受到罗某某的威吓，当地村委会代为申请符合上述法律规定。

案例八：吴某某申请人身安全保护令案

【基本案情】

申请人吴某某（女）与被申请人杨某某（男）2009 年相识后成为男女朋友，并居住在一起。2018 年农历春节过后吴某某向杨某某提出分手，杨某某同意。2018 年 4、5 月，杨某某开始对吴某某进行跟踪、骚扰、殴打并强行闯入吴某某的住所和工作场地，限制吴某某的人身自由，抢夺吴某某住所的钥匙、手机，在吴某某住所地张贴污蔑、辱骂、威胁吴某某的材料。吴某某多次向住所地、工作场地所在的派出所报警，杨某某在经警察教育、警告之后仍屡教不改，并且变本加厉骚扰吴某某。吴某某向法院申请人身安全保护令。

【裁判结果】

四川省成都市成华区人民法院裁定：一、禁止杨某某对吴某某实施暴力行为；二、禁止杨某某对吴某某及其家属实施骚扰、跟踪、接触；三、禁止杨某某接近、进入吴某某的住所及工作场所。

【典型意义】

本案是一起同居关系的一方申请人身安全保护令的案件。《反家庭暴力法》不仅预防和制止的是家庭成员之间的暴力行为，还包括家庭成员以外共同生活的人之间实施的暴力行为。同居关系中暴力受害者的人身权利应当受到法律保护，同居关系的一方若遭受家庭暴力或者面临家庭暴力的现实危险，人民法院也可依当事人申请作出人身安全保护令。

案例九：黄某违反人身安全保护令案

【基本案情】

申请人陈某某（女）与被申请人黄某系夫妻关系。两人经常因生活琐事发生争吵，黄某多次对陈某某实施家庭暴力。2016年3月22日晚，黄某殴打陈某某后，陈某某报警，后经医院诊断为腰3右侧横突骨折。2016年3月28日，陈某某向东兴法院提出人身保护申请，请求禁止黄某对陈某某实施家庭暴力，禁止骚扰、跟踪、威胁陈某某及其近亲属。陈某某在承办法官联系其了解受家暴情况时，表示只是想警告黄某，暂不希望人民法院发出人身安全保护令。承办法官随即通知黄某到法院接受询问，黄某承认实施家庭暴力，承认错误，并承诺不再实施家庭暴力。人民法院为预防黄某再次实施家暴，于2016年5月19日裁定作出人身安全保护令，并同时向黄某及其所在派出所、社区、妇联送达。后黄某违反人身安全保护令，于2016年7月9日晚上20时许和次日早晨两次对陈某某实施家庭暴力。陈某某在2016年7月10日（周日）早上9时许电话控诉被家暴事实，法官即联系城东派出所民警，派出所根据联动机制对黄某拘留五日。

【裁判结果】

2016年5月19日，广西壮族自治区东兴市人民法院作出（2016）桂0681民保令1号民事裁定：一、禁止黄某殴打陈某某；

二、禁止黄某骚扰、跟踪、威胁陈某某及其近亲属。

【典型意义】

如何认定存在家庭暴力行为，一是看证据是否确凿，如报警记录、信访材料、病历材料等，能充分证明家庭暴力存在的，立即裁定准许人身保护；二是通过听证或询问认定是否存在家暴行为，以便有针对性、快速地认定家暴，及时保护受家暴者及其亲属方。本案中，人民法院充分利用联动保护机制，作出人身安全保护令后，将裁定抄送给被申请人所在辖区派出所、妇委会、社区等，并保持紧密互动，互相配合，对裁定人身保护后再次出现的家暴行为进行严厉处罚。联动机制对受家暴方的紧急求助起到了关键作用。

案例十：洪某违反人身安全保护令案

【基本案情】

申请人包某（女）与被申请人洪某原系恋人关系，双方共同居住生活。洪某在因琐事引起的争执过程中殴打包某，导致包某头皮裂伤和血肿。包某提出分手，并搬离共同居所。分手后，洪某仍然通过打电话、发微信以及到包某住所蹲守的方式对其进行骚扰。包某不堪其扰，遂报警，民警对洪某进行了批评教育。包某担心洪某继续实施家庭暴力，向法院申请人身安全保护令。重庆市巴南区人民法院依法作出人身安全保护令。洪某收到人身安全保护令后，无视禁止，继续通过打电话、发短信和微信的方式骚扰包某，威胁包某与其和好继续交往，期间发送的消息达300余条。

【裁判结果】

重庆市巴南区人民法院决定，对洪某处以1000元罚款和15日拘留。

【典型意义】

本案是一起典型的针对家庭暴力作出人身安全保护令和对违反人身安全保护令予以司法惩戒的案例，主要有以下几点典型意义：第一，通过作出人身安全保护令，依法保护家庭暴力受害者的合法权利，彰显了法治的应有之义。中国几千年来都有“法不入家门”的历史传统，但随着时代的更迭和进步，对妇女儿童等弱势群体的利益保护已经得到社会的普遍认可。家庭成员以外共同生活的人可以被认定为是拟制家庭成员，根据《反家庭暴力法》第三十七条的规定，家庭成员以外共同生活的人可以申请人身安全保护令。第二，依法对公然违抗法院裁判文书的行为予以惩戒，彰显了遵法守法的底线。人身安全保护令不仅仅是一纸文书，它是人民法院依法作出的具有法律效力的裁判文书，相关人员必须严格遵守，否则应承担相应的法律后果。无视人身安全保护令，公然违抗法院裁判文书的行为已经触碰司法底线，必须予以严惩。第三，通过严惩家暴行为，对施暴者起到了震慑作用，弘扬了社会文明的价值取向。“法不入家门”已经成为历史，反对家庭暴力是社会文明进步的标志。通过罚款、拘留等司法强制措施严惩违反人身安全保护令的施暴者，让反家暴不再停留在仅仅发布相关禁令的司法层面，对施暴者予以震慑，推动整个社会反家暴态势的良性发展。

最高人民法院发布反家庭暴力法实施一周年十大典型案例

（2017年3月8日）

案例一：程某申请撤销李某监护人资格案

【基本案情】

程某（女）与李某系夫妻关系，婚生子李某程。因李某程哭闹，李某在吸毒后用手扇打李某程头面部，造成李某程硬膜下大量积液，左额叶、左颞叶脑挫伤，经鉴定为重伤二级。后李某被判处有期徒刑七年。中华少年儿童慈善救助基金会（以下简称基金会）对李某程及程某展开救助，为李某程筹集部分医疗及生活费用。基金会与程某签订《共同监护协议》，约定由基金会作为李某程的辅助监护人，与程某共同监护李某程，并由程某向北京市通州区人民法院起诉撤销李某的监护人资格，同时确认基金会为李某程的辅助监护人。还约定，为了使李某程更好地康复，经征得程某同意，基金会可以寻找合适的寄养机构照料李某程。程某向北京市通州区人民法院提出申请，请求撤销李某对李某程的监护人资格；指定基金会作为李某程的辅助监护人，与程某共同监护李某程。基金会以第三人身份参加诉讼。

【裁判结果】

北京市通州区人民法院判决撤销李某的监护人资格；驳回了程某的其他申请。

【典型意义】

本案是一起未成年人母亲申请撤销父亲监护人资格的案件。撤销监护人资格制度，是未成年人权益保护的重要手段，目的是及时终止对未成年人的家庭伤害，提供安全庇护，促进未成年人健康成长。李某作为李某程之父，不仅未尽到对孩子的关怀照顾义务，反而在吸毒后将不足三个月的幼儿李某程殴打至重伤二级，严重侵害了未成年人合法权益。程某作为李某程之母，申请撤销李某对李某程的监护人资格，符合反家庭暴力法的规定，法院予以支持。在撤销李某监护人资格的同时，为保障李某程的合法权益，法院判决程某作为李某程的法定监护人，应积极履行对李某程的监护义务。

虽然基金会在筹集善款、及时救治李某程的过程中，起到了积极的作用，其行为应当得到表彰和肯定，但基金会并不在法定的监护人主体范围内，且我国法律法规中并无辅助监护人的概念。因此对于程某要求基金会担任辅助监护人的请求，法院不予支持。

案例二：张某某申请人身安全保护令案

【基本案情】

申请人张某某（女）与被申请人熊某某为同居关系。张某某向法院申请述称：张某某与熊某某于1996年同居生活，2012年张某某双眼病变失明后，熊某某及其父母对张某某百般虐待和实施暴力，为此张某某亲属多次报警，张某某亲属也多次遭熊某某及其家人的威胁、限制人身自由。2015年3月12日，熊某某将张某某打伤，在张某某入院治疗期间，熊某某拒绝看望和道歉。之后，熊某某将张某某驱赶出家门并拒绝支付医药费，致张某某居无定所、食无来源、生病无人照料和无钱医治。张某某向江西省南昌市高新技术产业开发区人民法院申请禁止熊某某对其语言侮辱、恐吓、谩骂和肢体暴力、殴打、限制其人身自由；禁止熊某某对其近亲属进行骚扰、侮辱。

【裁判结果】

江西省南昌市高新技术产业开发区人民法院依照反家庭暴力法第二十七条、第三十七条规定，裁定禁止熊某某对张某某实施家庭暴力；禁止熊某某骚扰、侮辱张某某及其近亲属。裁定有效期为六个月，自送达之日起生效，送达后立即执行。

【典型意义】

本案是一起残疾人申请人身安全保护令的案件。申请人张某某与被申请人熊某某均为残障人士，双方虽未领取结婚证，但同居多年，并育有一子。张某某近年来因眼疾加重，生活无法自理。熊某某及其家人平日对张某某非常粗暴，2015 年对张某某进行了暴力殴打，当地政府和派出所均对双方纠纷进行过多次调处。

法院依据张某某的申请，依法发出人身保护令，送达了张某某、熊某某以及当地的村委会及派出所。人身安全保护令送达后，熊某某没有再采取过过激行为。为了进一步保护妇女权益，法院联系当地综治办、村委会共同做工作，最终确定张某某有权在该村的拆迁房分配中获得一人份额的拆迁房屋面积，现张某某已回到其娘家居住，其户口也与熊某某拆分。法院发出的人身安全保护令，取得了良好的法律效果与社会效果，真正起到了为妇女维权、为社会弱势群体撑起“保护伞”的作用。

案例三：李某申请人身安全保护令案

【基本案情】

申请人李某（女）与被申请人宋某系夫妻关系，2011年11月结婚。2015年宋某开始对李某实施捆绑、殴打、谩骂等暴力行为。2016年3月15日，李某在被连续殴打三天后，逼迫无奈从家中跳楼，跳楼又被宋某抱回楼上继续殴打，直至李某坚持不住，宋某才拨打120急救电话，将李某送往医院救治。在医院治疗期间，宋某又多次到医院骚扰李某，辱骂医生、病人及李某家属。李某于2016年9月28日向辽宁省沈阳市皇姑区人民法院提出申请，禁止宋某实施家庭暴力，禁止宋某骚扰、跟踪、接触李某及其近亲属。

【裁判结果】

辽宁省沈阳市皇姑区人民法院根据李某的陈述及公安机关记载材料、医院病情介绍单、皇姑区妇联出具的意见等材料，认定李某面临家庭暴力风险，依照反家庭暴力法的相关规定，依法裁定禁止宋某实施家庭暴力；禁止宋某骚扰、跟踪、接触李某及其近亲属。

【典型意义】

根据反家庭暴力法的规定，人身安全保护令涵盖了诉前、诉中和诉后各时间段，当事人申请人身安全保护令无需依附离婚诉讼，本案李某就是在两次离婚诉讼间隔期间申请的人身安全保护令。当地妇联也发挥了积极作用，为李某出具意见，有效维护了家暴受害者的权益。法院通过发出人身安全保护令，依法、适时、适度干预家庭暴力，保护了受害人的人身安全和人格尊严，彰显了法律的权威。

案例四：谢某申请人身安全保护令案

【基本案情】

申请人谢某（女）与被申请人陆某结婚十多年，婚后陆某经常殴打、辱骂谢某。谢某曾向社区、妇联寻求过救助，亦多次报警，但陆某丝毫没有收敛。长期遭受家庭暴力使谢某陷入极度恐慌，有家不敢回。2016 年 5 月 25 日，谢某不堪忍受，向广西壮族自治区南宁市青秀区人民法院申请人身安全保护令。

【裁判结果】

广西壮族自治区南宁市青秀区人民法院经审查，发出人身安全保护令，禁止陆某殴打、威胁、辱骂及骚扰、跟踪谢某，并将人身安全保护令分别抄送给当事人住所地的社区居委会和社区派出所，形成人民法院-社区居委会-社区派出所三方联动的工作模式，全方位保障谢某的人身安全，帮助谢某尽早走出家庭暴力的阴霾。

但在该院组织谢某与陆某到法院进行回访时，陆某在法院追打谢某，其行为严重违反了人身安全保护令的要求，该院依法对陆某予以训诫并处以十日拘留。在拘留期间，陆某认识到错误，在拘留所内写下保证书，保证以后要与妻子和睦相处，不再殴打、辱骂、跟踪妻子。

【典型意义】

本案是一起人民法院依法处罚违反人身安全保护令行为的案件。对于公然违反人身安全保护令者，法院应当依照法律规定及时采取处罚措施。人身安全保护令能够落到实处，不仅要靠当事人的自觉遵守和相关单位的监督，同时也需要对违反者进行依法制裁。

案例五：王某诉罗某离婚纠纷同时申请人身安全保护令案

【基本案情】

申请人王某（女）与被申请人罗某于2016年3月办理结婚登记手续。婚后王某发现罗某性格粗暴，常因家庭小事发怒，结婚不到一个月就出现家暴行为，几次家暴造成王某身上多处青紫瘀伤。王某为躲避家暴行为返回娘家，罗某寻至王某娘家后殴打王某，并对王某母亲进行殴打。王某认为罗某的家庭暴力行为使夫妻双方感情彻底破裂，遂诉至黑龙江省甘南县人民法院要求与罗某离婚，该院立案受理后，王某又申请人身安全保护令，请求禁止罗某殴打、威胁王某及其近亲属；禁止罗某骚扰、跟踪王某及其近亲属。

【裁判结果】

黑龙江省甘南县人民法院经审查认为，王某的申请符合条件，遂作出民事裁定：禁止罗某殴打、威胁、骚扰、跟踪王某及其近亲属，裁定有效期六个月，自送达之日起生效。并分别向罗某、王某、罗某所在社区、住所地派出所送达了裁定。裁定送达后，家庭暴力没有再发生，人身安全保护令发挥了作用。

对于王某诉罗某离婚纠纷，黑龙江省甘南县人民法院判决准予王某与罗某离婚，并对有关财产问题进行了处理。判决送达后，双方均未上诉，该判决已生效。

【典型意义】

反家庭暴力法对人身保护安全保护令做了比较全面的规定，家庭成员一旦遭受家暴，可以向法院申请人身安全保护令，从而避免严重后果的产生。本案人身安全保护令的下发，促使女性提高自身权益保护意识，敢于拒绝家庭暴力，依法维护自身权益。

案例六：马某某申请人身安全保护令案

【基本案情】

申请人马某某（女）与被申请人马某系夫妻关系。2016年7月20日，马某某与马某因琐事发生争吵后，马某使用砖头对马某某脸部打了一下，致使马某某上唇软组织穿通伤。马某某向宁夏回族自治区银川市公安局西夏区分局南梁派出所报警，后银川市公安局西夏区分局作出《公安行政处罚决定书》，给予马某行政拘留十日。为防止再次受到马某的伤害，马某某向宁夏回族自治区银川市西夏区人民法院申请人身安全保护令。

【裁判结果】

宁夏回族自治区银川市西夏区人民法院经审查，马某某提交的银川市公安局西夏区分局《公安行政处罚决定书》证实，马某的行为致使马某某面临家庭暴力威胁，马某某的申请符合发出人身安全保护令的条件，故裁定：禁止马某实施殴打、辱骂马某某等家庭暴力行为；禁止马某骚扰、跟踪、接触马某某及其近亲属。裁定有效期六个月，自作出之日起生效，送达后立即执行。

【典型意义】

本案是一起典型的家庭暴力案件，有公安部门的《公安行政处罚决定书》在案证明。法院作出裁定后，被申请人马某未再实施暴力行为，说明人身安全保护令对施暴者发挥了震慑作用，有效维护了妇女权益。

案例七：刘某某申请人身安全保护令案

【基本案情】

申请人刘某某（女）以被申请人蒲某某婚前隐瞒吸毒恶习、吸毒后失去理智经常对其实施家暴导致夫妻感情破裂为由，于2016年2月21日诉至四川省南充市顺庆区人民法院，请求离婚。2016年3月1日，刘某某得知反家庭暴力法正式实施，来到法院申请人身安全保护令。

【裁判结果】

四川省南充市顺庆区人民法院经审查认为，刘某某的申请事项和提供的证据符合法律规定，依照反家庭暴力法作出民事裁定：禁止蒲某某对刘某某实施恐吓、谩骂、殴打等暴力行为；禁止蒲某某骚扰、跟踪、接触刘某某及其近亲属；责令蒲某某不得进入刘某某的住所。

【典型意义】

本案是公安机关协助执行人身安全保护令的典型案例。裁定作出后，法院立即向刘某某及蒲某某住所地的公安派出所、社区、妇联等单位送达了裁定书，并发出协助执行通知。蒲某某严格执行裁定内容，未再向刘某某实施家暴，且在公安部门的协调下接受了强制戒毒。本案是反家庭暴力法实施后四川省受理的第一例案件，各大新闻媒体广泛报道，在社会上引起强烈反响，推动对人身安全保护令有了全新的认知和理解。

案例八：王某某申请人身安全保护令案

【基本案情】

申请人王某某与被申请人万某某（女）系夫妻关系。王某某1995年退休后离开工作地点南昌回到上海生活，万某某霸占王某某退休工资和奖金，逼迫王某某出去打工赚取生活费用。2015年初，王某某已年过八十，体弱多病，没有劳动能力，万某某不但不加照顾，反而经常对王某某拳打脚踢，用棍棒将王某某打得青紫血肿，伤痕累累，并在深夜辱骂，使王某某忍饥挨饿，受冻受寒。2016年1月底，万某某再次对王某某进行殴打，至王某某颅脑出血并在医院进行了手术。万某某的行为使王某某遭受精神上、肉体上的长期折磨，生命安全受到严重威胁。王某某向上海市长宁区人民法院提出申请，要求禁止万某某实施家庭暴力，并提交了相关证据。

【裁判结果】

上海市长宁区人民法院查明，万某某与王某某经常为家庭琐事发生争吵。2015年起万某某对王某某打骂频繁，程度也越发激烈。2016年1月24日，双方又为家庭琐事发生纠纷，吵闹中万某某用拖把棍猛击王某某头部，致王某某右侧急性硬膜下血肿，于次日住院接受右侧硬膜下血肿钻孔引流手术。上海市长宁区人民法院认为，万某某长期对王某某实施暴力，侵害了王某某的人身健康权，遂裁定：禁止被申请人万某某对申请人王某某实施家庭暴力。

【典型意义】

本案是一起由男性家庭成员不依附其他诉讼而单独提起的人身安全保护令案件。在实践中把握何种行为可被定性为“家庭暴力”时，应在正确理解反家庭暴力法立法精神与相关条文的基础上，结合出警记录、就医记录，当事人及第三方调查情况，准确解读家庭暴力的持久性、故意性、控制性、恐惧性及后果严重性。对于家庭暴力的现实危险，应根据家庭暴力发生史、过去家庭暴力出警记录、就医记录，第三方描述等明确危险存在的可能性及大小。本案中王某某已年过八十，体弱多病，结合出警记录、同事证言、法院和居委会谈话笔录、医院诊疗记录、出院小结、验伤单、影像资料等证据，可证实王某某长期遭受来自万某某精神及身体上的折磨，并导致颅脑出血、身上多处受伤的严重后果，万某某的行为符合家庭暴力及现实危险的定义。

案例九：陈某某、泮某某申请人身安全保护令案

【基本案情】

申请人陈某某、泮某某系夫妻，与被申请人陈某伟（二申请人之子）共同居住。陈某伟因家庭琐事，多次打骂二申请人。2015年3月18日晚，陈某伟殴打陈某某致其头面部及身多处软组织挫伤。2016年5月15日上午，陈某伟因琐事打击陈某某头部，泮某某上前劝阻时倒地，此事致陈某某左肩胛骨挫伤，泮某某右侧肋骨骨折。2016年7月7日，陈某某、泮某某向浙江省仙居县人民法院申请人身安全保护令，要求禁止陈某伟实施家庭暴力并责令陈某伟搬出居所。

【裁判结果】

浙江省仙居县人民法院经审查认为，陈某某、泮某某的申请符合反家庭暴力法规定的发出人身安全保护令的条件，故裁定如下：禁止陈某伟对陈某某、泮某某实施家庭暴力。裁定送达后，陈某伟没有申请复议。

【典型意义】

本案是一起老年人申请人身安全保护令的案件。被申请人陈某伟多次殴打其父母，有病历卡、诊断书及陈某伟自认等证据证明。为维护老年人人身安全和合法权益，法院作出禁止陈某伟对其父母实施家庭暴力的裁定。但陈某某、泮某某要求陈某伟搬离居所的请求，经核查该居所系在村中宅基地上建造，陈某伟享有宅基地份额

且在该房屋上有共同建造行为。陈某某、泮某某要求陈某伟搬离居所的请求，不宜在本案中解决，应另行分家析产。法院在向当地村委会、派出所送达裁定书过程中，进行了相关法律宣传，得到村委会和派出所的支持和配合。当地媒体对该案件办理情况进行报道，推动了群众对人身安全保护令的认知和接受。

案例十：刘某申请人身安全保护令案

【基本案情】

申请人刘某（女）与被申请人李某自2011年11月开始同居生活，共同居住在以刘某名义申请的廉租房内，双方未办理结婚登记。同居生活期间，李某经常对刘某实施殴打、威胁、跟踪、骚扰行为，并以刘某家属生命安全相威胁。为此，刘某多次向派出所、妇联等相关部门反映情况、寻求保护，相关部门多次组织双方调解并对李某进行批评教育，但李某仍未改变。2016年，刘某认为李某与其他女子有不正当男女关系，劝解李某回心转意，李某以此为由对刘某发脾气，数次酒后殴打刘某，并扬言提刀砍死刘某。同年4月，李某再次以刘某怀疑其有外遇一事，对刘某进行殴打，并持菜刀砍伤刘某。2016年9月12日，刘某向重庆市城口县人民法院申请人身安全保护令。

【裁判结果】

重庆市城口县人民法院经审查后，依法作出裁定：禁止李某实施家庭暴力；禁止李某骚扰、跟踪、接触刘某及其近亲属；责令李某迁出刘某的住所。裁定作出后，李某未申请复议。

【典型意义】

本案是一起同居者申请人身安全保护令的案件。反家庭暴力法调整的不仅仅是家庭成员之间的暴力行为，还包括不属于家庭成员关系、但基于特殊的亲密关系或因法律规定而产生类似家庭成员之间的权利义务关系的人，比如同居关系当事人。反家庭暴力法第三十七条规定，“家庭成员以外共同生活的人之间实施的暴力行为，参照本法规定执行。”因此，同居者遭受家庭暴力或者面临家庭暴力现实危险的，人民法院也可依当事人申请作出人身安全保护令。

最高人民法院发布4起侵犯妇女儿童权益犯罪典型案例

（2016年3月8日）

案例一：马友祥、熊金义拐卖妇女案

【基本案情】

2013年10月底的一天，被告人马友祥等人经被告人熊金义介绍，将被拐骗至云南省境内的越南籍妇女黄某以6.26万元的价格卖给安徽省宣城市的高张俊为妻，熊金义分得“介绍费”1万元。2013年11月至2014年2月，马友祥经熊金义介绍，伙同刘美英（同案被告人，已判刑）等人先后将被拐骗至云南省境内的越南籍妇女崇某某、麻某某、黄某某，以5.6万元至7.6万元不等的价格，分别卖给安徽省宣城市的管军、王鹏、吴新蕾为妻。熊金义于2011年至2012年另参与介绍拐卖越南籍妇女3人。

【裁判结果】

法院经审理认为，被告人马友祥、熊金义等人以出卖为目的，贩卖被拐骗的妇女，其行为均已构成拐卖妇女罪。在共同犯罪中，

马友祥起主要作用，系主犯。熊金义起次要作用，系从犯，可依法减轻处罚。依照刑法有关规定，以拐卖妇女罪判处被告人马友祥有期徒刑十一年零九个月，并处罚金人民币六万元；以拐卖妇女罪判处被告人熊金义有期徒刑七年零九个月，并处罚金人民币三万元。

【典型意义】

随着我国与周边国家交往的增多，一些不法分子与境外人员相勾结，从事拐卖外籍妇女犯罪活动，严重侵犯妇女的人身自由权利与人格尊严，影响我国的国际形象。本案被告人马友祥伙同被告人熊金义，将多名越南籍妇女卖给他人为妻，人民法院根据各被告人的犯罪事实、情节、危害后果及其在共同犯罪中的地位、作用，分别判处相应刑罚，彰显了我国司法坚持平等保护各国在华妇女、儿童的人身权益，坚决从严惩治一切拐卖犯罪的决心。

案例二：施美丽故意杀人案

【基本案情】

被告人施美丽与被害人张惠昌系夫妻关系。张惠昌经常无故打骂施美丽，施美丽2012年即曾为此报警。2014年5月19日19时许，张惠昌又因琐事持续辱骂及殴打施美丽，并将家中的手机等物品砸坏。次日5时30分许，施美丽因长期遭张惠昌打骂，心生怨恨，遂起杀害张惠昌之念。施美丽趁张惠昌熟睡，持家中一把铁榔头击打张惠昌左侧头部、面部数下，见张惠昌头部出血后，让居住于同幢楼的其子张雷拨打“120”抢救。后施美丽随同亲友将张惠昌送医院抢救无效死亡。案发后，施美丽主动向公安机关投案自首。

【裁判结果】

法院经审理认为，被告人施美丽持械故意杀害其丈夫张惠昌，其行为已构成故意杀人罪，依法应予惩处。施美丽因不堪忍受张惠昌的长期家庭暴力而产生杀人故意，事发前张惠昌为家庭琐事又长时间辱骂、殴打施美丽，张惠昌对引发本案存在重大过错，施美丽在发现张惠昌头部出血后，主动将张送医院抢救，其故意杀人情节较轻，可酌情从轻处罚；案发后主动投案自首，依法可从轻处罚。依照刑法和有关规定，以故意杀人罪判处被告人施美丽有期徒刑四年。

【典型意义】

本案系遭受家庭暴力的妇女“以暴制暴”致施暴人死亡的典型案件。根据最高人民法院、最高人民检察院、公安部、司法部《关于依法办理家庭暴力犯罪案件的意见》的规定，对于因遭受严重家庭暴力，身体、精神受到重大损害而故意杀害施暴人；或者因不堪忍受长期家庭暴力而故意杀害施暴人，犯罪情节不是特别恶劣，手段不是特别残忍的，可以认定为刑法第二百三十二条规定的故意杀人“情节较轻”。本案中，人民法院综合考虑被害人在案发前实施家暴、存在重大过错，以及案发后被告人有自首情节，积极参与抢救，主观恶性和人身危险性相对较小等因素，对被告人从宽处罚，较好体现了宽严相济的刑事政策。

案例三：黄泽学强奸案

【基本案情】

2003 年冬季至 2014 年期间，被告人黄泽学以金钱引诱、殴打、威胁等方式，多次对其继女晋某甲（被害人，1990 年出生）、晋某乙（被害人，1992 年出生）、晋某丙（被害人，1995 年出生）进行奸淫。晋某乙住校读书期间，黄泽学还发手机短信到晋某乙同学的手机上，威胁晋某乙必须回家与其继续发生性关系。2014 年 5 月的一天，黄泽学授意其亲生女儿诱骗女同学晋某某（2001 年 10 月出生）留宿其家，趁晋某某睡觉时欲强奸晋某某，遭晋某某反抗并提出要回家而未遂。

【裁判结果】

法院经审理认为，被告人黄泽学采取暴力、威胁等手段长期对 3 名不满 14 周岁的继女实施奸淫，强奸未满 14 周岁的晋某某未遂的行为，均已构成强奸罪，应依法从重处罚。黄泽学犯罪情节特别恶劣，后果特别严重，依照刑法有关规定，以强奸罪判处被告人黄泽学无期徒刑，剥夺政治权利终身。

【典型意义】

本案是一起继父强奸年幼继女的典型案件。根据我国刑法规定，奸淫不满 14 周岁的幼女的，以强奸论，从重处罚。这种发生在家庭内部的性侵行为，具有高度隐蔽性，被害人往往被长期侵犯而不被发现，其身心遭到巨大损害。不仅如此，这种行为也严重破坏了社会、家庭的基本伦理道德观。鉴此，最高人民法院、最高人民检察院、公安部、司法部联合发布的《关于依法惩治性侵害未成年人犯罪的意见》中规定，对未成年人负有监护职责的人员及与未成年人有共同家庭生活关系的人员实施强奸的，更要从严惩处。本案被告人黄泽学身为三名年幼被害人的继父，利用与被害人共同生活的便利条件，在长达十余年时间内多次对被害人实施奸淫，不仅严重侵害了被害人身心健康，更是严重违反了社会人伦，社会危害极大，影响极其恶劣，最终受到法律的严惩。本案的发生，给未成年人及其监护人或近亲属一个警示，应提高防范性侵的意识和能力，发现犯罪后，要勇于揭露、制止犯罪，防止因一味沉默忍让而致不法分子得寸进尺，致使遭受更大伤害。同时，社会、学校也要加强对未成年人防范各种侵害的意识教育。根据反家庭暴力法的规定，学校发现未成年人遭受家庭成员侵害的，有义务向公安机关报警。

案例四：李征琴故意伤害案

【基本案情】

被告人李征琴与施某甲于2010年登记结婚，婚前双方各有一女，2012年下半年，李征琴夫妇将李征琴表妹张某某之子被害人施某某（男，案发时8周岁）从安徽省带至江苏省南京市抚养，施某某自此即处于李征琴的实际监护之下。2013年6月，李征琴夫妇至民政局办理了收养施某某的手续。2015年3月31日晚，李征琴因认为施某某撒谎，在其家中先后使用竹制"抓痒耙"、塑料制"跳绳"对施某某进行抽打，造成施某某体表150余处挫伤。

经法医鉴定，施某某躯干、四肢等部位挫伤面积为体表面积的10%，其所受损伤已构成轻伤一级。案发后，施某某的生父母与李征琴达成和解协议，并对李征琴的行为表示谅解。

【裁判结果】

法院认为，被告人李征琴故意伤害被害人施某某的身体，造成施某某轻伤一级的严重后果，其行为已构成故意伤害罪。案发后，李征琴经公安机关通知后主动到案，如实供述主要罪行，构成自首，依法可以从轻处罚；取得被害人施某某及其生父母的谅解，酌情可以从轻处罚。依照刑法有关规定，以故意伤害罪判处被告人李征琴有期徒刑六个月。

【典型意义】

本案是一起对未成年人进行管教过程中因方式、手段不当触犯刑法的典型案例。未成年人的父母或其他监护人依法对未成年人有抚养教育的权利和义务，但未成年人并非任何人的私有财产，其人格尊严、生命健康等基本权利不应受任何非法侵害，父母或其他监护人对未成年人进行管教亦不得超越法律边界。国家作为未成年人的最终监护人，有权力也有责任对侵害未成年人合法权益的行为进行监督、干预。本案中，被告人虽系出于对被害人的关心、教育，但其以暴力手段侵害了被害人的身心健康，造成严重后果，已构成犯罪，应受到国家法律的惩处。本案发生后，为了实现对未成年被害人的特殊、优先保护，相关部门已为被害人提供了基本的住房、生活和教育保障。

最高人民法院发布惩治拐卖妇女儿童犯罪典型案例

（2015年2月27日）

一、蓝树山拐卖妇女、儿童案

【基本案情】

1988年9月，被告人蓝树山伙同同案被告人谭汝喜（已判刑）等人在广西壮族自治区南宁市，将被害人向某某（女，时年22岁）拐带至福建省大田县，经林传溪（另案处理，已判刑）等人介绍，将向某某出卖。1989年6月，蓝树山伙同黄日旭（另案处理，已判刑），经“邓八”（在逃）介绍，将被害人廖某（男，时年1岁）从广西壮族自治区宾阳县拐带至大田县，经林传溪介绍，将廖某出卖。此后至2008年间，蓝树山采取类似手段，单独或伙同他人在广西宾阳县、巴马县等12个县，钦州市、凭祥市、贵港市、河池市等地，先后将被害人韦某某、黄某某等33名3至10岁男童拐带至福建省大田县、永春县，经林传溪、苏二妹（另案处理，已判刑）和同案被告人郭传贴、涂文仕、陈建东（均已判刑）等人介绍，将其出卖。蓝树山拐卖妇女、儿童，非法获利共计50余万元。

【裁判结果】

广西壮族自治区河池市中级人民法院经审理认为，蓝树山为牟取非法利益，拐卖妇女、儿童，其行为已构成拐卖妇女、儿童罪。虽然蓝树山归案后坦白认罪，但其拐卖妇女、儿童人数多，时间长，主观恶性极深，社会危害极大，情节特别严重，不足以从轻处罚。依照刑法有关规定，以拐卖妇女、儿童罪判处被告人蓝树山死刑，剥夺政治权利终身，并处没收个人全部财产。宣判后，蓝树山提出上诉。广西壮族自治区高级人民法院经依法审理，裁定驳回上诉，维持原判，并依法报请最高人民法院复核。最高人民法院经依法复核，核准蓝树山死刑。罪犯蓝树山已于近日被执行死刑。

【典型意义】

对于拐卖妇女、儿童犯罪，我国司法机关历来坚持从严惩治的方针，其中，偷盗、强抢、拐骗儿童予以出卖，造成许多家庭骨肉分离，对被拐儿童及其家庭造成巨大精神伤害与痛苦，在社会上易引发恐慌情绪，危害极大，更是从严惩治的重点。本案中，被告人蓝树山拐卖妇女1人，拐骗儿童34人予以出卖，不少儿童被拐10多年后才得以解救，回到亲生父母身边。众多家长为寻找被拐儿童耗费大量时间、金钱和精力，其中有1名被拐儿童亲属因伤心过度去世。综合考虑，蓝树山所犯罪行已属极其严重，尽管有坦白部分拐卖事实的从轻处罚情节，法院对其亦不予从轻处罚。

二、马守庆拐卖儿童案

【基本案情】

2006年至2008年，被告人马守庆伙同被告人宋玉翠、宋玉红、宋空军（均已判刑）等人，以出卖为目的，向侯会华、侯树芬、师江芬、师小丽（均另案处理，已判刑）等人从云南省元江县等地收买儿童，贩卖至江苏省连云港市、山东省临沂市等地。其中马守庆作案27起，参与拐卖儿童37人，其中1名女婴在从云南到连云港的运输途中死亡。马守庆与宋玉翠、宋玉红、宋空军共同实施部分犯罪，在其中起组织、指挥等主要作用。案发后，公安机关追回马守庆等人的犯罪所得22.6万元。

【裁判结果】

江苏省连云港市中级人民法院经审理认为，马守庆以出卖为目的拐卖儿童，其行为已构成拐卖儿童罪。马守庆参与拐卖儿童37人，犯罪情节特别严重，且系主犯，应依法惩处。据此，依照刑法有关规定，以拐卖儿童罪判处被告人马守庆死刑，剥夺政治权利终身，并处没收个人全部财产。宣判后，马守庆提出上诉。江苏省高级人民法院经依法审理，裁定驳回上诉，维持原判。最高人民法院经依法复核，核准马守庆死刑。罪犯马守庆已被依法执行死刑。

【典型意义】

本案是一起由拐卖犯罪团伙实施的特大贩婴案件。本案犯罪时间跨度长，被拐儿童人数多达37人，且均是婴儿。在收买、贩卖、运输、出卖婴儿的诸多环节，“人贩子”视婴儿为商品，缺少必要的关爱、照料；有的采取给婴儿灌服安眠药、用塑料袋、行李箱盛装运输等恶劣手段，极易导致婴儿窒息伤残或者死亡，本案中即有1名婴儿在被贩运途中死亡。实践中，不法分子在贩运途中遗弃病婴的情形亦有发生。人民法院综合考虑马守庆拐卖儿童的犯罪事实、性质、情节和危害后果，对其依法判处死刑，符合罪责刑相一致原则。

三、孙同山拐卖儿童案

【基本案情】

2004年10月至2012年1月，被告人孙同山伙同张祖斌、田学良等17名被告人（均已判刑）以出卖为目的，通过居间介绍或强抢等方式，贩卖婴儿共计14人。

【裁判结果】

山东省潍坊市中级人民法院经审理认为，孙同山以出卖为目的，居间介绍贩卖儿童7人，强抢儿童并贩卖7人（1名婴儿系从亲生父母处强抢，其余6名系从同案被告人处抢得），其行为已构成拐卖儿童罪。孙同山归案后主动供述了公安机关尚未掌握的部分罪行，并有协助公安机关抓获同案犯的立功表现，可予以从轻处罚。依照刑法等有关规定，以拐卖儿童罪判处被告人孙同山无期徒刑，剥夺政治权利终身，并处没收个人全部财产；对其他17名被告人分别判处十五年至一年六个月不等有期徒刑。宣判后，孙同山提出上诉。山东省高级人民法院经依法审理，裁定驳回上诉，维持原判。

【典型意义】

本案是一起交叉结伙贩卖儿童的共同犯罪案件，涉案人数众多，且互相介绍、互为依托、共享信息，使该团伙的拐卖“供需”网络不断扩大，买卖双方“交易”成功率上升，导致买卖地拐卖儿童案件高发，社会危害性极大，且容易滋生新的犯罪。特别是本案被告人不仅通过收买后贩卖的方式作案，在拐卖团伙发展壮大到一定程度后，逐渐出现强抢儿童予以贩卖的现象。犯罪分子不仅从“人贩子”手中强抢婴儿，亦从亲生父母手中强抢，社会危害性及人身危险性进一步升级。因此，在加大对此类犯罪团伙打击力度的同时，应加大宣传力度，提高父母的安全防范意识，不给犯罪分子以可乘之机。

四、邢小强拐卖儿童案

【基本案情】

2011 年 9 月，被告人邢小强的妻子陈某怀孕，经检查是一对双胞胎。邢小强想将孩子卖掉，后经他人居间介绍，约定孩子出生后，以 2.5 万元的价格卖给婚后未生育的石某某、龙某某夫妇。同年 12 月 19 日，陈某生下一对双胞胎男婴，邢小强即将两个孩子抱走，交给龙某某，得款 2 万余元。

2012 年 12 月，陈某再次怀孕。被告人邢小强还想将孩子卖掉，主动找人介绍，寻找买家。经联系，约定若是男婴，便以 1 万元的价格卖给婚后未生育的孔某某、党某某夫妇。2013 年 1 月，陈某生下一名男婴。邢小强让孔某某的父亲将小孩抱走，得款 1 万元。

【裁判结果】

湖北省枣阳市人民法院经审理认为，邢小强以非法获利为目的出卖 3 名亲生儿子，其行为已构成拐卖儿童罪。邢小强经人居间介绍，出卖亲生儿子，在共同拐卖儿童犯罪中起主要作用，系主犯，归案后如实供述自己的犯罪事实，认罪态度较好，可酌情从轻处罚。依照刑法有关规定，以拐卖儿童罪判处被告人邢小强有期徒刑十年，并处罚金人民币一万元。本案居间介绍的其他多名同案被告人，均以拐卖儿童罪分别判处五年至二年不等有期徒刑，或者被宣告缓刑、免予刑事处罚。

【典型意义】

本案是一起以非法获利为目的出卖亲生子女构成拐卖儿童罪的典型案例。当前，在司法机关严厉打击下，采取绑架、抢夺、偷盗、拐骗等手段控制儿童后进行贩卖的案件明显下降，一些父母出卖、遗弃婴儿，以及“人贩子”收买婴儿贩卖的现象仍多发高发。对于父母将子女私自送给他人收取钱财的案件，如果行为人具有非法获利的目的，就应该以拐卖儿童罪论处。本案中，被告人邢小强先后两次将3名亲生儿子卖给他人，且均是在孩子出生之前即主动表示要卖出孩子，联系居间介绍人要求帮助寻找买家，并且明码标价，收取数额较高的钱财，孩子出生后即按事先约定将孩子卖出。根据上述事实与情节，足以认定邢小强并非因生活困难、无力抚养才被迫将孩子送养，而是将孩子作为商品，将生孩子出卖作为牟利手段来获取非法利益。人民法院据此认定邢小强的行为构成拐卖儿童罪，对参与犯罪的居间介绍人，根据各自地位、作用、责任大小，分别判处轻重不等的刑罚，体现了人民法院对于以非法获利为目的出卖亲生子女犯罪坚决依法惩处的鲜明态度。

五、王宁宁拐卖儿童案

【基本案情】

2010年11月、2013年12月，被告人王宁宁以收养为名，先后通过互联网联系3名未婚先孕且不想抚养孩子的妇女到山东省临邑县待产。3名妇女产子后，王宁宁单独或伙同周长峰、邵金环（均系同案被告人，已判刑）将3名男婴分别以每名儿童3万余元至4万余元的价格卖给他人。

【裁判结果】

山东省临邑县人民法院经审理认为，王宁宁以收养为名，将从亲生父母处骗来的婴儿出卖，其行为已构成拐卖儿童罪。王宁宁拐卖儿童3人，应依法惩处。鉴于其归案后认罪态度较好，依法可酌情从轻处罚。依照刑法有关规定，以拐卖儿童罪判处被告人王宁宁有期徒刑十年，并处罚金人民币二万元。

【典型意义】

本案是一起利用孕妇并通过互联网贩卖婴儿的典型案例。近年来，随着打击力度的加大，不法分子不断变换手法，采取更为隐蔽的方式实施拐卖犯罪。比如，事先联系好“买主”，物色、组织孕妇到“买主”所在地，待孕妇临产后即将其所生子女出卖获利，以此逃避长途贩卖、运输婴儿过程中被查缉的风险。此类犯罪手段的变化已引起司法机关的关注，本案的依法审理，是对犯罪行为的有力震慑。

六、杨恩光、李文建等拐卖妇女案

【基本案情】

被告人杨恩光、李文建伙同田沈忠、张兴祥、李春飞等人（均系同案被告人，已判刑），先后以嫖娼为名，在云南省河口县一些宾馆、酒店，采用暴力手段，强行将越南籍妇女被害人阮某桃、阮某恒等17人带至云南省富宁县、砚山县、广南县、马关县等地，通过赵阿林、何万周（均系同案被告人，已判刑）等联系，转卖给当地村民。其中，杨恩光参与作案6起，拐卖妇女12人，李文建参与作案7起，拐卖妇女14人。

【裁判结果】

云南省红河哈尼族彝族自治州中级人民法院经审理认为，杨恩光、李文建等人采用暴力、胁迫的方式绑架妇女后出卖，其行为构成拐卖妇女罪，均应依法惩处。在共同犯罪中，杨恩光、李文建提起犯意，具体负责联系买家交易及分配赃款，起主要作用，系主犯。杨恩光系累犯，应从重处罚。依照刑法有关规定，以拐卖妇女罪分别判处被告人杨恩光、李文建死刑，缓期二年执行，剥夺政治权利终身，并处没收个人全部财产；以拐卖妇女罪分别判处田沈忠、张兴祥、李春飞等人无期徒刑，剥夺政治权利终身，并处没收个人全部财产；其他同案被告人分别被判处十五年至四年不等有期徒刑，并处没收个人全部财产或罚金。宣判后，杨恩光、李文建提出上诉。云南省高级人民法院经依法审理，裁定驳回上诉，维持原判。

【典型意义】

本案被害人身份特殊，均系越南籍妇女，且多数在我国境内从事卖淫活动，本属依法整顿治理的对象，但被害人的特殊身份并不影响我国司法机关对拐卖妇女涉案人员的定罪量刑。本案两名被告人被判处死缓，三名被告人被判处无期徒刑，彰显了我国司法机关依法严厉打击、遏制一切形式拐卖妇女犯罪的决心。案发后，我国司法机关依照我国缔结和参加的有关国际条约的规定，积极履行所承担的国际义务，将被解救妇女妥善安置，并及时与有关外事部门联系，提供司法协助和司法救助，将被解救妇女全部安全地送返国籍国。

七、李侠拐卖儿童、孙泽伟收买被拐卖的儿童案

【基本案情】

2013年5月21日20时许，被告人李侠发现左某某带领孙子陈某某（不满2周岁）和孙女在河南省开封市祥符区世纪广场玩耍，遂趁左某某不注意时将陈某某盗走。后李侠冒充陈某某的母亲，在网上发帖欲收取5万元钱将陈某某“送养”。被告人孙泽伟看到消息后与李侠联系，于5月23日见面交易。在未对李侠及陈某某的身份关系进行核实的情况下，经讨价还价，孙泽伟付给李侠4万元钱，将陈某某带至山东省菏泽市曹县家中。公安机关破案后，已将陈某某解救送还亲属。

【裁判结果】

河南省开封市祥符区人民法院经审理认为，李侠以出卖为目的偷盗幼儿，其行为已构成拐卖儿童罪。孙泽伟收买被拐卖的儿童，其行为已构成收买被拐卖的儿童罪。依照刑法有关规定，以拐卖儿童罪判处被告人李侠有期徒刑十年，并处罚金人民币二万元；以收买被拐卖的儿童罪判处被告人孙泽伟有期徒刑七个月。

【典型意义】

拐卖儿童造成许多家庭骨肉分离，社会危害巨大。收买被拐卖的儿童行为，客观上诱发、助长“人贩子”铤而走险实施拐卖犯罪，造成被拐儿童与家庭长期天各一方，社会危害同样不容忽视。本案中，被告人李侠偷盗幼儿出卖，法院以拐卖儿童罪对其判处有期徒刑十年，体现了依法从严惩处。作为具有正常社会阅历、经验的成年人，被告人孙泽伟应当知道李侠携带的幼童可能系被拐卖，但未对双方关系进行任何核实即对幼童陈某某予以收买，其行为已构成收买被拐卖的儿童罪。人民法院对本案“买主”依法定罪判

刑，再次向社会昭示：我国法律绝不容忍任何买卖儿童行为，抱着侥幸心理收买被拐卖的儿童“抚养”，最终不仅会“人财两空”，还要受到法律制裁。

八、王尔民收买被拐卖的妇女、非法拘禁、强奸案

【基本案情】

被告人王尔民因妻子不能生育而欲收买妇女为其生子。2013年6月，王尔民以1万元从张正见、武仲廷（均系同案被告人，已判刑）处将被害人杨某（女，患有精神分裂症）收买回家。为防止杨某逃跑，王尔民将杨某关在家中杂物间，并用铁链锁住杨某的双脚，将杨某的一只手锁在一块大石头上。其间，王尔民多次与杨某发生性关系。同年7月12日，杨某被公安机关解救。

【裁判结果】

江苏省睢宁县人民法院经审理认为，王尔民收买被拐卖的妇女后非法限制其自由，明知该妇女患有精神病，还多次与其发生性关系，其行为分别构成收买被拐卖的妇女罪、非法拘禁罪和强奸罪，应依法并罚。依照刑法有关规定，对王尔民以收买被拐卖的妇女罪判处有期徒刑一年六个月；以非法拘禁罪判处有期徒刑二年六个月；以强奸罪判处有期徒刑七年，决定执行有期徒刑十年。

【典型意义】

本案是一起因收买被拐卖的妇女被判刑的典型案例。实践中，收买被拐卖的妇女不仅侵犯了妇女的人格尊严，还往往滋生出非法拘禁、强奸、伤害、侮辱等其他犯罪，严重侵犯了妇女的人身权利，社会危害不容低估，一些群众对“买主”盲目同情的错误观念亦应纠正。

三、参考文本

人力资源社会保障部办公厅、国家卫生健康委员会办公厅、最高人民检察院办公厅、全国总工会办公厅、中国企业联合会/中国企业家协会办公室、全国工商联办公厅关于印发《工作场所女职工特殊劳动保护制度（参考文本）》和《消除工作场所性骚扰制度（参考文本）》的通知

（2023 年 3 月 8 日　人社厅发〔2023〕8 号）

各省、自治区、直辖市及新疆生产建设兵团人力资源社会保障厅（局）、卫生健康委，人民检察院，总工会、企业联合会/企业家协会、工商联：

为指导用人单位完善工作场所女职工特殊劳动保护和消除工作场所性骚扰制度，切实保障广大女职工合法权益，促进女职工身心健康，营造安全、健康、舒心的良好工作环境，同时为检察机关开展妇女权益保障公益诉讼提供参考，人力资源社会保障部、国家卫生健康委员会、最高人民检察院、全国总工会、中国企业联合会/中国企业家协会、全国工商联根据《中华人民共和国劳动法》《中华人民共和国劳动合同法》《中华人民共和国妇女权益保障法》《女职工劳动保护特别规定》《女职工保健工作规定》等法律法规及有关政策规定，制定了《工作场所女职工特殊劳动保护制度（参考文本）》和《消除工作场所性骚扰制度（参考文本）》。现印发

给你们，供指导用人单位制定完善有关规章制度或与女职工签订劳动合同、集体合同时参考。用人单位可根据所在地地方性法规规定，结合实际对参考文本有关内容进一步细化完善。

工作场所女职工特殊劳动保护制度

（参考文本）

用人单位名称：____________________

中国劳动和社会保障科学研究院研制

2023 年 3 月

目　　录

第一章　总　　则

第一条　为加强女职工工作场所特殊劳动保护，维护女职工合法权益，保障女职工身心健康，构建和谐稳定的劳动关系，根据《中华人民共和国劳动法》《中华人民共和国劳动合同法》《中华人民共和国妇女权益保障法》《女职工劳动保护特别规定》《女职工保健工作规定》等法律法规规定，结合本单位实际情况，制定本制度。

第二条　本制度经第______届职工代表大会第______次会议审议通过。

第三条　本制度适用于本单位全体女职工，并向本单位全体职工公示告知。

第二章　劳动就业保护

第四条　本单位在录（聘）用女职工时，依法与女职工签订劳动（聘用）合同，劳动（聘用）合同中应具备女职工特殊保护条款，明确不得限制女职工结婚、生育等内容。

第五条　本单位遵守女职工禁忌从事的劳动范围的规定，并将本单位属于女职工禁忌从事的劳动范围的岗位书面告知女职工。

第六条　女职工在孕期、产期、哺乳期（指自婴儿出生之日起至满一周岁止）内，除有法律、法规规定的情形外，用人单位不得解除劳动（聘用）合同。劳动（聘用）合同期满而孕期、产期、哺乳期未满的，除女职工本人提出解除、终止劳动（聘用）合同外，劳动（聘用）合同的期限自动延续至孕期、产假、哺乳期期满。

第三章　工资福利保护

第七条　本单位工资分配遵循按劳分配原则，实行男女同工同酬。女职工在享受福利待遇方面享有与男职工平等的权利。

第八条　本单位不因女职工结婚、怀孕、生育、哺乳，降低其工资和福利待遇。

第九条　在晋职、晋级、评定专业技术职称和职务、培训等方面，坚持男女平等的原则，不歧视女职工。不因女职工怀孕、生育、哺乳等原因限制女职工参与上述活动。

第十条　妇女节（3月8日），女职工放假半天。

第十一条　本单位在发展的同时，采取积极有效措施，持续改善女职工工资福利待遇，不断提高女职工权益保障水平，促进女职工共享发展成果。

第四章　生育保护

第十二条　本单位严格执行国家有关女职工特殊劳动保护的法律法规，对在经期、孕期、产期、哺乳期的女职工给予特殊保护。

第十三条　女职工月经期保护

（一）女职工在月经期间，不安排其从事国家规定禁忌从事的劳动。

（二）患重度痛经及月经过多的女职工，经医疗机构确诊后，月经期间适当给予1至2天的休假。

第十四条　女职工孕期保护

（一）女职工在怀孕期间，不安排其从事国家规定的孕期禁忌从事的劳动。

（二）对怀孕满7个月以上（含7个月）的女职工，本单位不延长劳动时间或者安排夜班劳动，并在劳动时间内安排一定的休息时间或适当减轻工作；在从事立位作业女职工的工作场所设置休息座位。

（三）女职工在孕期不能适应原劳动的，本单位根据医疗机构的证明，与职工本人协商一致，予以减轻劳动量或安排其他能够适应的劳动。

（四）怀孕女职工在劳动时间内进行产前检查，所需时间计入劳动时间，依法支付劳动报酬。

第十五条　女职工产期保护

（一）按照国家有关规定，女职工生育享受98天产假，其中产前可以休假15天；根据医疗机构证明，难产的，增加产假15天；生育多胞胎的，每多生育1个婴儿，增加产假15天。生育奖励假、配偶陪产假和育儿假，按照本地规定执行。

（二）根据医疗机构证明，女职工怀孕未满4个月流产的，享受15天产假；怀孕满4个月流产的，享受42天产假。

（三）女职工产假期间的生育津贴，按照本单位上年度职工月平均工资的标准由生育保险基金支付。

（四）对有过两次以上自然流产史，现又无子女的女职工，本单位根据实际情况，在其怀孕期间予以减轻工作量；经女职工申请，暂时调离有可能直接或间接导致流产的工作岗位。

（五）女职工休产假，提前填写《请假申请单》，由上级领导批准签报人力资源部门进行核对并备案。

（六）职工根据所在地规定申请休生育奖励假、配偶陪产假、育儿假等假期可参考上述流程办理。

第十六条 女职工哺乳期保护

（一）女职工在哺乳期内，不安排其从事哺乳期禁忌从事的劳动。

（二）对哺乳未满1周岁婴儿的女职工，不延长劳动时间或者安排夜班劳动。在每天的劳动时间内为哺乳期女职工安排1小时哺乳时间；女职工生育多胞胎的，每多哺乳1个婴儿每天增加1小时哺乳时间。

（三）婴儿满周岁后，经医疗机构确诊为体弱儿的，可适当延长授乳时间，但不得超过6个月。

第五章 职业安全健康保护

第十七条 本单位加强女职工的特殊劳动保护，对女职工进行劳动安全卫生知识培训。在生产发展的同时，投入专项资金，通过建立孕妇休息室、哺乳室等设施，改善女职工劳动安全卫生条件。

第十八条 定期组织女职工进行妇科疾病、乳腺疾病检查以及女职工特殊需要的其他健康检查。

第十九条 关爱更年期女职工，经医疗机构诊断为严重更年期综合征的，经治疗效果仍不明显，且不适应原工作的，应暂时安排适宜的工作。

第二十条 本单位公开承诺，对工作场所性骚扰行为持零容忍态度，明确禁止性骚扰的具体行为，健全预防和制止性骚扰的制度，完善必要的安全保卫措施，加强对消除性骚扰的宣传、教育和培训，通过开通热线电话、意见箱、电子邮箱等多种形式畅通投诉举报渠道，依据专门制定的消除工作场所性骚扰制度对反映问题妥善处理，并对女职工提供心理疏导和依法维权的支持，积极创建安全健康舒心的工作环境。

第六章　管理监督

第二十一条　本单位明确由________部门负责本制度的的组织实施。

第二十二条　本单位建立由工会负责人担任组长的监督检查小组，女职工在小组成员中保持一定比例。监督检查小组定期对本制度执行情况开展检查，并向全体职工公布检查结果。

第二十三条　女职工合法权益受到侵害时，可向________部门或监督检查小组举报投诉。经调查核实后，督促相关部门整改。

受理部门：__________；投诉电话：____________；

信　　箱：__________；电子邮箱：____________。

第七章　附　　则

第二十四条　本制度未尽事宜，按有关法律法规执行。法律法规未有规定的，双方协商解决。本制度生效后，在履行过程中，劳动（聘用）合同履行地的相关规定优于本制度规定的，按最优标准执行。

第二十五条　女职工特殊劳动保护的内容可以纳入集体合同、劳动安全卫生专项集体合同或女职工权益保护专项集体合同中。

第二十六条　本制度自________年____月____日生效。

消除工作场所性骚扰制度

（参考文本）

用人单位名称：____________________

中华全国总工会女职工部

中国劳动和社会保障科学研究院联合研制

2023年3月

目　　录

第一章 总 则

第一条 为消除工作场所性骚扰，依法保障女职工权益，营造安全健康舒心的工作环境，根据《中华人民共和国民法典》《中华人民共和国妇女权益保障法》《女职工劳动保护特别规定》等法律法规，制定本制度。

第二条 本制度所称的性骚扰是指，违反他人意愿，以语言、表情、动作、文字、图像、视频、语音、链接或其他任何方式使他人产生与性有关联想的不适感的行为，无论行为实施者是否具有骚扰或其他任何不当目的或意图。

第三条 本制度经第______届职工代表大会第______次会议审议通过。

第四条 本制度适用于本单位全体职工，并向全体职工公示告知。

第二章 公开承诺

第五条 本单位公开承诺对性骚扰行为零容忍。

第六条 本单位明确由________部门负责本制度的组织实施，并负责受理工作场所性骚扰举报投诉事件的调查处置。各级管理层都有职责和专人负责做好预防和制止工作场所性骚扰的工作。

本单位建立由工会负责人担任组长的监督检查小组，女职工在小组成员中保持一定比例。监督检查小组定期对本制度执行情况开展检查，并向全体职工公布检查结果。

第七条 本单位工作场所内禁止包括但不限于以下行为：(1)以不受欢迎的语言挑逗、讲黄色笑话、向他人讲述个人性经历、不受欢迎的称呼等；(2) 故意触摸、碰撞、亲吻他人敏感部位，不适宜地展示身体隐私部位或在他人周围对自己做涉性的接触或抚摸；(3) 以信息方式给对方发送或直接展示色情、挑逗文字、图片、语音、视频等，如微信、短信、邮件等；(4) 在工作场所周围布置淫秽图片、广告等，使对方感到难堪；(5) 以跟踪、骚扰信息、寄送物品等方式持续对他人表达、传递含性暗示的内容；(6) 其他性骚扰行为。

第三章　宣传培训

第八条　持续开展预防和制止工作场所性骚扰行为的宣传教育活动。在单位公告栏、办公室公告板等明显的地方张贴规章制度、“禁止性骚扰”标识和宣传画、举报投诉热线电话。

第九条　组织预防和制止工作场所性骚扰的专题培训，也可将专题培训纳入包括入职培训在内的各种培训之中。

第四章　职工举报投诉

第十条　职工在工作场所遇到本制度第七条规定的行为的，都应向实施者表明“你这种行为是不受欢迎的”等明确态度。

第十一条　职工在工作场所遇到本制度第七条规定的行为的，有权向其上级主管或______部门举报投诉，其上级主管或________部门对举报投诉事项进行受理登记，并由________部门启动调查程序，及时向当事人提供法律援助服务。在对举报投诉者予以保密的前提下，可以适当方式予以鼓励。

受理部门：__________；投诉电话：____________；

信　　箱：__________；电子邮箱：____________。

第十二条　举报投诉者尽可能详细地记录每个细节并保全所有证据。

第五章　调 查 处 置

第十三条　接到举报投诉后，相关部门应及时进行走访调查，收集和固定相关证据。包括但不限于：(1) 受害人陈述；(2) 电子证据，如微信聊天记录、电子邮件记录、短信记录、通话记录；(3) 视听证据，如图片、录音、录像、监控等；(4) 证人证言，及时搜集本单位相关同事的证人证言；(5) 物证，及时保存涉及的相关材料；(6) 第三方证据，比如报警记录、调查笔录、酒店录像等；(7) 其他相关证据。

第十四条　对性骚扰实施者的处置措施包括：警告、调整工作岗位、依法解除劳动合同等。涉嫌触犯有关法律法规的，移送司法机关处理。

同时，采取措施避免对性骚扰受害者的二次伤害，可将性骚扰实施者调整至难以与受害者接触的工作岗位。

第十五条　相关部门在举报投诉与调查处置的全过程中，应注意个人隐私权的保护，做好相关材料的保密工作。有关调查处理结果应及时向举报投诉人进行反馈。

第六章　工会参与监督

第十六条　本单位工会将预防和制止工作场所性骚扰纳入集体协商议题，提高女职工的参与度和代表性；将预防和制止性骚扰等内容纳入集体合同和女职工权益保护专项集体合同、劳动安全卫生专项集体合同的协商中，在集体合同尤其是专项集体合同中增加预防和制止性骚扰条款。

第十七条 本单位工会要广泛听取和反映职工的意见建议，为职工提供法律咨询服务，支持、协助受害者用法律手段维权，并为受害者提供专业心理疏导服务。

第十八条 本单位工会通过工会劳动法律监督提示函、工会劳动法律监督意见书等，提示相关部门建立健全预防和制止工作场所性骚扰的制度机制，完善工作场所相关措施，营造安全健康舒心的工作环境。

第七章 附 则

第十九条 本制度未尽事宜，按有关法律法规执行。

第二十条 本制度自________年____月____日生效。

图书在版编目（CIP）数据

妇女权益保障法贯通实用本 / 中国法制出版社编著. —北京：中国法制出版社，2023.6

ISBN 978-7-5216-3061-9

Ⅰ.①妇… Ⅱ.①中… Ⅲ.①妇女权益保障法-基本知识-中国 Ⅳ.①D922.75

中国版本图书馆 CIP 数据核字（2022）第 200988 号

策划编辑：杨　智　　责任编辑：胡　艺　　封面设计：杨泽江

妇女权益保障法贯通实用本

FUNÜ QŪANYI BAOZHANGFA GUANTONG SHIYONGBEN

编著/中国法制出版社
经销/新华书店
印刷/三河市国英印务有限公司
开本/880 毫米×1230 毫米　32 开　　印张/7　字数/142 千
版次/2023 年 6 月第 1 版　　2023 年 6 月第 1 次印刷

中国法制出版社出版
书号 ISBN 978-7-5216-3061-9　　定价：38.00 元

北京市西城区西便门西里甲 16 号西便门办公区
邮政编码：100053　　传真：010-63141600
网址：http://www.zgfzs.com　　编辑部电话：010-63141823
市场营销部电话：010-63141612　　印务部电话：010-63141606

（如有印装质量问题，请与本社印务部联系。）